초등학생을 위한

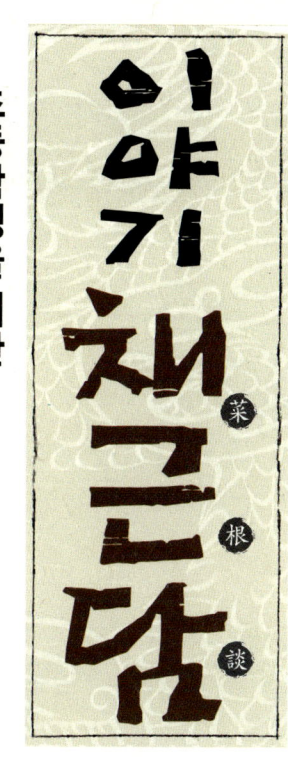

이야기 채근담 菜根談

채근담

초등학생을 위한
이야기 채근담
2007년 11월 30일 초판 1쇄 발행 | 2015년 5월 18일 초판 8쇄 발행

지은이 박혜숙 | **그린이** 진선미 | **펴낸이** 장진혁 | **펴낸곳** 형설아이
주소 경기도 파주시 회동길 37-23 | **전화** (031) 955-2371, (031) 955-2361
팩스 (031) 955-2341 | **등록** 102-98-71832 | **홈페이지** www.hipub.co.kr
공급 형설출판사

ISBN 978-89-6142-079-2 74800
ISBN 978-89-6142-078-5 (세트)

ⓒ 형설아이 2015 Printed in Korea

※잘못된 책은 서점에서 바꾸어 드립니다.
　이 책의 내용을 쓰고자 할 때는 저작권자와 출판사의 허락을 받아야 합니다.

초등학생을 위한
이야기 채근담 菜根談

박혜숙 글 · 진선미 그림

형설아이
Children's books

머리말

　고전이 좋은 책이며 반드시 읽어야 한다는 것은 누구나 다 알고 있습니다. 하지만 고전을 읽는 일은 그리 쉽지 않은 일입니다. 어렵다는 생각이 우리를 꾹 누르고 있기 때문입니다. 게다가 그 고전이 한자로 되어 있다면 고개부터 설레설레 흔들게 마련입니다. 이렇듯 아무리 좋은 책이라도 읽지 않으면 한낱 휴지와 같습니다. 고전도 마찬가지입니다. 어떻게 하면 고전과 좀 더 가까워질 수 있을까요?

　이 책은 우리 친구들이 고전과 쉽게 친해질 수 있도록 알기 쉽고 재미있게 엮었습니다. 그래서 지혜와 교훈이 가득한 『채근담』 중에서 친구, 용서, 반성, 시기심, 욕심, 공부 등 오늘날에도 생각해 볼 수 있는 주제들을 먼저 골랐습니다. 그런 다음 우화와 전래동화들을 현대에 맞게 고쳐 원문의 내용을 이해하기 쉽게 꾸몄습니다.

　여러 이야기를 통해 『채근담』이 어떤 책인지 알아보고, 한자 풀이를 통해 한자 공부도 할 수 있게 하였습니다. 모든 이야기들이 끝난 후 한 걸음 더, 논리 다지기, 논술 따라잡기 등 통합 교과형 논리·논술 문제를 풀다 보면 어떻게 살아야 할지, 어떻게 하면 면 행복해질 수 있을지, 무엇이 바른 것인지에 대한 자신의 생각도 정리할 수 있을 것입니다.

『채근담』은 따뜻한 어머니의 품과 같은 책입니다. 어려움에 닥쳤을 때 용기를 주고 지쳐 쓰러진 자신을 돌아볼 수 있는 지혜를 주는 책입니다.

이제 재미있는 이야기들을 통해 『채근담』과 만나보세요. 이를 통해 마음의 키가 쑥쑥 커 가는 것을 느낄 수 있을 것입니다. 이 책을 다 읽은 후엔 아마도 '고전, 그거 별거 아니네!' 라는 생각이 들지도 모릅니다. 이 책을 한 장 한 장 넘기는 동안 자신도 모르는 사이에 풍덩 고전의 매력에 빠져들어 어느새 고전과 친구가 되어 있는 자신을 발견하게 될 것입니다.

박혜숙

차 례

술잔 속에 비친 뱀의 그림자 _ 12

대기만성형 인간 _ 18

여몽(呂夢)의 변신 _ 22

모든 것이 내 탓이다 _ 28

신통한 재주 _ 34

아기 쥐 하늘이의 세상 구경 _ 40

그냥 가, 뛰지 말고! _ 46

친구의 욕심 _ 52

깡패를 제자로 받아들인 공자 _ 58

잃어버린 백금 덩어리 _ 64

생쥐와 사자 _ 70

거만스러운 나귀 _ 76

기다리는 지혜 _ 82

지휘자가 된 첼리스트 _ 88

뒤러의 '기도하는 손' _ 94

바보 한스 _ 100

혼이 난 단 방귀 장수 _ 108

도둑을 감동시킨 현감 _ 114

장작을 패 주다 혼이 난 소년 _ 120

도끼로 바늘 만들기 _ 126

굶어 죽을지언정 _ 132

인상여와 염파의 우정 _ 138

누가 부자일까? _ 144

주운 다이아몬드 _ 150

달팽이 뿔 위에서의 싸움 _ 156

고놈의 입이 문제야! _ 162

어려울 때일수록 _ 168

고약한 원님 _ 174

도둑은 누구? _ 180

이 책을 읽는 어린이들에게

 책이름에 대하여

이 책의 이름인 『채근담』은 송나라 학자인 왕혁의 "사람이 항상 나물 뿌리를 씹을 수 있다면 세상 모든 일이라도 할 수 있으리라(人常咬得菜根 則百事可做)."는 말에서 따온 것입니다. '채(菜)'는 '나물, 채소'를, '근(根)'은 뿌리를 가리킵니다. 그러므로 '채근(菜根)'은 채소나 나물의 뿌리를 말합니다. 즉 맛도 없고 써서 먹을 수 없는 음식을 말하는 것입니다. 그러므로 이 말은 풀뿌리와 나물 뿌리를 캐어 먹고 살 정도로 힘들더라도 마음을 다해 노력하면 이루지 못할 것이 없음을 알려주고 있습니다. 한번 어려운 일을 겪고 나면 다른 어려운 일들도 수월하게 해낼 수 있다는 뜻입니다. 이 말은 남송 때의 학자인 주희의 『소학(小學)』에도 실려 있습니다. 하지만 주희는 '채근'의 뜻을 조금 다르게 풀이하고 있습니다. "학자가 의(義)를 실천하기 위해서라면 먹는 것 따위는 가볍게 보아야 한다."는 것입니다. '나물 뿌리를 씹는 것'을 '의를 실천하기 위한 훈련'으로 본 것이지요.

그렇다면 홍자성은 어떤 의미로 이러한 제목을 붙였을까요? 홍자성은 왕혁의 글을 보고 손뼉을 치며 날아갈 듯이 좋아했다고 합니다. 그리고는 '채근'을 자신의 책제목으로 삼았습니다. 평생 수양을 중요하게 생각하고 어렵게 살았던 홍자성은 왕혁의 글이 자신을 돌아보고자 했던 『채근담』의 내용에 꼭 들어맞는다고 생각했던 것입니다. 그러므로 홍자성은 『채근담』을 통해 '보잘

것 없는 음식에 만족할 수 있다면 헛된 욕심을 버릴 수 있다.'고 말하고 싶었던 것입니다. 이렇듯 『채근담』은 제목에서부터 욕심을 버리고 다른 사람을 돌아보며 자연과 더불어 살아갈 것을 이야기하고 있습니다.

 홍자성은 어떤 사람인가?

홍자성은 중국 명나라 말기의 유학자로 호는 환초도인(環初道人)입니다. 그러나 그에 대해서 알려진 것은 지금까지 별로 없습니다. 심지어 언제 태어났는지, 언제 죽었는지조차도 확실하지 않습니다. 1580년 진사가 된 우공겸이라는 사람의 친구로 쓰촨성에서 살았다는 정도가 고작입니다. 우공겸이 쓴 『채근담』 서문에 따르면 홍자성은 성품이 맑고 행동이 바르고 욕심이 없었으며, 늘 자신을 갈고 닦는 데 게을리하지 않았다고 합니다. 아마도 그렇게 늘 자신을 수양하는 마음이 『채근담』을 쓰게 하지 않았을까 짐작할 뿐입니다.

 『채근담』은 어떤 책인가?

『채근담』은 짧은 글이지만 대구를 많이 써서 읽기 쉽고 문장이 아름답습니다. 쉽게 말하면 짧은 격언을 모은 책이라고 할 수 있습니다. 홍자성이 말한 것을 정리해 '어록'이라고도 합니다.

『채근담』은 두 가지가 전해집니다. 하나는 명나라 때 홍자성이 짓고 우공겸이 덧붙이는 글을 쓴 것이고, 다른 하나는 청나라 때 홍응명이 지은 것으로 우공겸의 덧붙이는 글이 없고 홍자성이 쓴 『채근담』에 비해 24장이 더 많습니다. 이 책에는 청나라 사람 석상재가 쓴 『속 채근담』의 어구가 곳곳에 섞여 있습니다. 그래서 어떤 사람들은 이 책은 아마 훗날 다른 사람이 『채근담』과 『속 채근담』을 합한 것이라고 말하기도 합니다. 그런가 하면 홍자성과 홍응명이 같은 사람이라는 주장도 있습니다. 중국에서 나온 『채근담』을 보면 홍응명의 자가 자성이고, 호가 환초도인이라는 것입니다. 하지만 아직까지는 학자마다 서로 주장하는 것이 달라 두 가지 의견 가운데 어떤 것이 맞는지 정확히 알 수 없습니다.

『채근담』은 전집 225장과 후집 134장으로, 모두 359장으로 되어 있습니다.

『채근담』에는 어떠한 내용이 담겨 있는가?

우공겸은 『채근담』 서문에 '이 책은 홍자성이 온갖 고생을 겪으면서 쓴 지극히 좋은 말'이라고 썼습니다. 우공겸은 또 이렇게 덧붙였습니다.

나의 벗 홍자성이 그의 책 『채근담』을 가지고 와서 내게 보이고 서문을 써 달라고 하였다. 처음에 나는 그 책이 그리 대단해 보이지 않았다. 그래서 제대로 보지 않았다. 그러다가 어느 날, 책상 위에 있던 옛날 책을 치우고 가슴속 잡념을 없애 마음을 가다듬고 책을 읽기 시작했다. 그러자 책이 눈에 쏙 들어왔다. 그가 털어놓은 말은 모두가 세상에 약이 되고 사람을 깨우쳐 주는 중요한 것뿐이다. 제목을 『채근담』이라 하였으니, 이는 홍자성이 스스로 고난을 겪고 자신을 단련하는 가운데서 이 글을 썼음을 말해 주는 것이다. 홍자성은 '하늘이 내 몸을 수고롭게 하면 나는 내 마음을 편안히 하여 이를 보충할 것이다. 하늘이 나를 역경에 빠지게 하면 나는 내 도를 높임으로써 이

트게 하리라.'고 하였다. 이 말로 미루어 보아 그가 얼마나 스스로를 경계하였는지, 바르게 살기 위해 얼마나 끊임없이 노력하였는지 알 수 있다. 이제 나는 몇 마디 말을 책머리에 적어 사람들로 하여금 『채근담』 가운데 인생의 참다운 맛이 있음을 알리고자 한다.

『채근담』은 전집과 후집에 나오는 이야기들이 조금 다릅니다. 전집에는 주로 벼슬한 다음 어떻게 사람들을 사귀고 어떻게 맡은 일을 처리해야 하는지에 대한 이야기들이 나와 있습니다. 후집에는 벼슬길에서 물러난 뒤 산 속에 묻혀 사는 즐거움에 대한 이야기들이 나와 있습니다.

우공겸의 말처럼 『채근담』은 인생에 대한 가르침을 전하는 책입니다. 유교에 뿌리를 두고 있으나 노장의 도교나 불교의 가르침을 고루 전하고 있어 '동양의 인간학'이라고 하기도 합니다.

『채근담』은 눈에 보이는 것에 너무 집착하지 말고 천지의 도를 따르라고 강조하고 있습니다. 그렇다고 무조건 물질이나 명예가 나쁘다고 이야기하는 것은 아닙니다.

『채근담』은 세상 모든 사람들에게 제각기 맞는 처방을 내려줍니다. 돈이 많은 사람에게는 돈이 많다고 너무 자랑하지 말라고 하고, 가난한 사람에게는 언젠가 당신도 부자가 될 거라며 용기를 줍니다. 성공한 사람에게는 자만에 빠지지 말라고 하고, 절망에 허덕이는 사람에게는 희망을 줍니다. 이렇듯 『채근담』은 삶의 철학이며 모든 사람에게 위안을 주는 글입니다. 그래서인지 일본에서는 이미 1930년대에 『채근담』이 크게 유행했다고 합니다. 뿐만 아니라 1980년대에는 『손자병법』, 『삼국지연의』와 함께 일본에서 가장 많이 읽힌 책으로 꼽히기도 합니다.

채근담 01

술잔 속에 비친 뱀의 그림자

　진(晉)나라에 악광(樂廣)이라는 사람이 살고 있었습니다. 악광의 집은 매우 가난해서 끼니를 잇기도 힘들 정도였습니다. 그러나 악광은 실망하지 않고 이를 악물며 열심히 공부했습니다. 그래서 마침내 벼슬길에 올랐습니다.

　악광이 하남이라는 곳에서 태수라는 벼슬을 할 때의 일입니다. 악광에게는 아주 가까운 친구가 한 명 있었습니다. 이야기가 썩 잘 통하는 이였습니다. 그래서 둘은 자주 만나 밥도 먹고 술도 마시며 서로의 생각을 나누곤 했습니다. 어쩌다가 며칠 만나지 못하면 무척 보고 싶어하는 정도였으니까요.

그런데 하루가 멀다 하고 악광의 집을 찾던 친구가 어느 날부터인가 발길을 딱 끊었습니다.

'내가 뭘 잘못한 게 있나? 왜 요새 그 친구가 통 오지 않을까?'

악광은 혹시 자신이 친구를 서운하게 한 것은 없는지 곰곰이 생각해 보았습니다. 하지만 아무리 생각해 봐도 무엇을 잘못했는지 알 수 없었습니다. 기다리다 못한 악광은 직접 친구를 찾아갔습니다.

"여보게, 친구! 날세."

"어서 오게."

친구가 문을 열었습니다.

"혹시 내가 자네에게 서운하게 한 일이 있나?"

"아닐세."

"그럼 요즘은 왜 찾아오지 않나?"

"……"

"혹시 어디 아픈가?"

그러고 보니 친구 얼굴이 그동안 조금 마른 것 같았습니다.

"저기……"

친구는 악광에게 뭔가 할 말이 있는 듯 머뭇거리며 얼른 말을 꺼내지 못했습니다.

"무슨 일인가? 어서 이야기해 보게."

"저, 사실은……"

"망설이지 말고 얼른 말해 보게나."

"며칠 전, 자네 방에서 술을 마시지 않았나?"
"그랬지. 그 때 내가 무슨 잘못을 했나?"
"그게 아니라, 그 때 내 잔 속에 뱀이 보였다네."
"뱀이?"
"그렇네. 자네가 알면 미안해할까 봐 말을 하지 못했는데, 그 후부터 몸이 좋지 않다네."

악광은 친구의 말이 영 이해가 되지 않았습니다. 방에 뱀이 있을 리는 없으니까요. 그래도 혹시나 하는 생각에 악광은 집으로 돌아가 하인들을 시켜 방을 샅샅이 살펴보게 했습니다.

"구석구석 잘 찾아보아라!"

"네, 주인님!"

하인들은 한동안 방 안 이곳저곳을 살펴보았습니다. 그러더니 고개를 갸웃거리며 말했습니다.

"주인님, 아무리 찾아봐도 뱀은 없습니다."

'참 이상하네. 보지 않은 걸 봤다고 할 친구는 아닌데……'

악공은 아무래도 자기가 직접 방을 살펴봐야겠다고 생각했습니다. 그래서 눈을 크게 뜨고 여기저기를 샅샅이 뜯어보았습니다. 그러다가 악공은 무릎을 탁 쳤습니다.

'아하, 그래! 바로 저것 때문이었어.'

방 한쪽 벽에 걸린 활이 문제인 것 같았습니다. 바로 그 활에 뱀이 그려져 있었거든요.

다음날, 악광은 하인을 시켜 친구를 불러왔습니다. 그리고는 지난번과 같은 자리에 친구를 앉히고 술잔에 술을 따라주며 물었습니다.

"술잔을 잘 들여다보게. 뭐가 보이나?"

친구가 머리를 숙여 술잔을 들여다보았습니다.

"뱀이네! 뱀이 보여! 지난번과 똑같은 뱀이야!"

그러자 악광은 빙그레 웃으며 벽에 걸린 활을 가리켰습니다.

"그 뱀은 바로 저것이라네. 저 벽에 걸린 활에 그려진 뱀 그림이 술잔에 비친 것이라네."

"저런!"

친구는 그 말을 듣고서야 안심이 되는 듯 활짝 웃었습니다.

그 날 이후, 친구의 병은 씻은 듯이 나았습니다. 공연히 아무것도 아닌 것을 가지고 속을 끓였던 것이니까요.

마음이 흔들리면 활 그림자도 의심하여 뱀이라 하고, 쓰러진 바위도 호랑이로 보이니, 이런 가운데에서는 모두가 해치는 기운뿐이다.
　마음이 가라앉으면 사나운 석호(石虎)도 바다 갈매기로 길들일 수 있고, 개구리 울음소리도 음악처럼 들리니, 이르는 곳마다 참다운 것을 보게 될 것이다.

機動的 弓影疑爲蛇蝎 寢石視爲伏虎 此中渾是殺氣
기동적 궁영의위사갈 침석시위복호 차중혼시살기

念息的 石虎可 作海鷗 蝸聲可當鼓吹 觸處俱是眞機
염식적 석호가 작해구 와성가당고취 촉처구시진기

채근담 후집 48

한자 익히기

- 【影】 그림자 영
- 【寢】 잠잘 침
- 【渾】 흐릴 혼
- 【鼓】 북 고

- 【蛇】 뱀 사
- 【伏】 엎드릴 복
- 【蛙】 개구리 와
- 【觸】 닿을 촉

【杯中蛇影(배중사영)】
술잔 속에 비친 뱀의 그림자

채근담 02

대기만성형 인간

옛날 중국 위나라에서 있었던 일입니다.

위나라 왕 무제에게는 훌륭한 신하들이 많았습니다. 그 가운데에서도 최염이라는 장수가 특히 돋보였습니다. 최염은 키가 크고 몸집이 좋았습니다. 싸움터에 나가 적과 싸울 때는 사자처럼 용맹해서 물러서지 않았습니다. 그런가 하면 아랫사람들에게는 너그럽고 인자했습니다.

"그래, 지난번 다친 데는 좀 괜찮으냐?"

"밥은 먹었느냐?"

"어머님이 편찮으시다더니, 좀 나아지셨느냐?"

"얼마 전에 딸을 낳았다지? 축하한다."

최염은 늘 부하들이 어떻게 지내는지 주의깊게 살펴보았습니다. 부하들이 무엇을 걱정하는지 잘 알고 진심으로 함께 걱정했습니다. 그런 까닭에 모든 사람들이 최염을 따르고 존경했습니다.

"우리 최염 장군님은 정말 좋은 분이야!"

"맞아, 이 세상에 우리 최염 장군님 같은 분만 있으면 정말 살기 좋을 텐데……."

이런 최염에게는 최림이라는 사촌 동생이 있었습니다. 그런데 그는 최염을 닮지 않아 생김새부터 아주 달랐습니다. 최림은 키가 작고 못생겨서 사람들이 그다지 좋아하지 않았습니다. 학문이 뛰어나지도 못했고, 말도 그리 잘하지 못했습니다. 그림을 잘 그리거나, 남보다 지혜가 뛰어나지도 못했습니다. 어느 것 하나 특출한 데가 없었습니다.

그래서인지 나이가 꽤 들었는데도 벼슬길에 오르지 못했습니다. 마을 사람들은 물론 친척들도 최림만 보면 혀를 끌끌 차곤 했습니다.

"원, 저래서야 이 다음에 뭐가 될지 정말 걱정이야."

"어째 형을 조금도 닮지 않았을까?"

"그러게 말일세. 형을 반만 닮아도 좋으련만……."

사람들이 그렇게 수군거릴 때마다 최림은 속이 상했습니다. 어깨가 축 늘어지고 기운이 빠졌습니다.

하루는 최림이 술을 먹고 와서 최염 앞에서 울었습니다.

"형님, 전 왜 이렇게 못났을까요?"

최염은 최림을 달래 주었습니다.

"큰 종이나 큰 솥은 그렇게 쉽사리 만들어지는 것이 아니란다. 큰 인물도 마찬가지야. 성공하기까지는 오랜 시간이 걸리는 법이지."

최염은 최림의 어깨를 토닥이며 말했습니다.

"내가 보기에 넌 틀림없이 큰 인물이 될 거야. 그러니 너무 속상해 하지 말고 지금보다 더 노력하려무나. 사람들이 뭐라 하더라도 좌절하지 말고 열심히 노력하면 반드시 좋은 일이 있을 거야."

최림은 최염의 말에 크게 용기를 얻어 한껏 노력했습니다. 학문역시 게을리하지 않았습니다. 그래서 훗날 재상의 자리에까지 올랐습니다. 최림은 대기만성(大器晩成)형 사람이었던 것입니다.

오늘날에도 최림처럼 나이 들어 성공하는 사람을 일컬어 '대기만성' 이라고 합니다.

복숭아꽃과 오얏꽃이 제아무리 아름다워도 어찌 푸른 소나무와 잣나무의 곧은 절개만 하겠으며, 배와 살구가 제아무리 달아도 어찌 노란 유자와 푸른 귤의 맑은 향기만 하겠는가?

　참으로 아름답고 일찍 지는 것은 담담하고 오래가는 것만 못하고, 일찍 익는 것은 늦게 익는 것만 못하다.

桃李雖艶 何如松蒼柏翠之堅貞
도리수염 하여송창백취지견정

梨杏雖甘 何如橙黃橘綠之馨冽
이행수감 하여등황귤록지형렬

信乎 濃夭 不及淡久 早秀 不如晩成也
신호 농요 불급담구 조수 불여만성야

채근담 전집 224

한자 익히기

- 【桃】 복숭아 도
- 【蒼】 푸를 창
- 【橘】 귤나무 귤
- 【艶】 고울 염
- 【堅】 굳을 견
- 【馨】 향기 형
- 【橙黃(등황)】 유자나무가 노란 빛을 띰

채근담
03

여몽(呂夢)의 변신

　중국 삼국 시대에 손권(孫權)이라는 왕이 있었습니다. 손권은 적벽이라는 곳에서 벌어진 전투에서 위나라 조조의 군대 80만 명을 물리치고 오나라를 세운 왕입니다.
　손권의 부하 중에는 여몽이라는 장수가 있었습니다. 여몽은 무술이 아주 뛰어날 뿐 아니라 용맹하기까지 해서 전쟁터에 나갈 때마다 공을 세웠습니다.
　그러나 여몽은 군사들을 지휘하는 방법이나 적을 맞아 어떻게 싸우면 좋을지 생각하는 방법, 즉 병법에 대해서는 잘 알지 못했습니다.

손권은 그런 여몽을 볼 때마다 답답한 마음이 들었습니다.

'병법에 대해 공부하면 정말 뛰어난 장수가 될 텐데……. 아깝다, 아까워!'

그런 여몽을, 손권은 책을 보지 않기 때문이라고 생각했습니다.

어느 날, 손권은 여몽을 불러 말했습니다.

"장수는 싸움도 잘해야 하지만 병법에 대해서도 잘 알아야 한다네."

"……."

"자네도 공부를 해야 되지 않겠는가?"

"전하, 무술 훈련을 하기도 바쁜데 언제 책을 읽겠습니까?"

"허허. 책을 읽을 시간이 없는 게 아니라, 책을 읽을 마음이 없는 게 아닌가?"

손권이 화를 내자, 여몽의 얼굴이 붉어졌습니다.

"책을 읽지 않는 이유가 도대체 무엇인가?"

손권이 날카롭게 묻자, 여몽은 아무 말도 하지 못했습니다.

"저, 사실은……."

"아무리 바빠도 학문을 게을리해서는 안 된다네. 싸움을 잘하는 것도 중요하지만 어떻게 싸워야 할지 아는 것도 아주 중요하다네. 수많은 전쟁터에 나갔지만 난 늘 책을 가지고 다녔다네. 어디 나뿐인가? 후한의 황제였던 광무제(光武帝)는 나랏일이 바쁘면서도 손에서 항상 책을 놓지 않았다네. 위나라의 조조(曹操) 또한 늙어서까지 배우고 또 배웠다네. 시간이 없다는 것은 핑계야, 핑계!"

여몽은 어렵게 말을 시작했습니다.

"저, 사실은 글을 모릅니다."

여몽은 가난한 집에서 태어났습니다. 집이 가난한 까닭에 글을 배우지 못했습니다. 그래서 밥이라도 먹으려고 여몽은 일찍 군대에 갔습니다. 군대에 가서는 장수가 되기 위해 무술 훈련만 열심히 했습니다. 그러니 글을 배울 시간이 없었던 것입니다.

"허허, 이런!"

손권이 놀라자 여몽이 말했습니다.

"전하. 병법을 몰라 답답한 것은 사실이오나, 저처럼 글도 모르는 무지렁이가 어찌 책을 읽을 수 있겠습니까?"

"허허, 처음부터 똑똑한 사람이 어디 있나? 오늘부터 글을 배우도록 하게. 학문은 꾸준히 하는 것이라네."

그제야 여몽은 씩씩하게 말했습니다.

"열심히 하겠습니다."

여몽은 그 날부터 글을 배우기 시작했습니다. 글자를 한 자, 두 자 익히면서 책을 읽기 시작했습니다. 새로운 것을 알아가는 재미를 느끼자 여몽은 점점 더 책에 빠져들어 손에서 책을 놓지 않았습니다. 병법에 관한 책뿐 아니라, 세상을 살아가는 이치를 알려주는 책, 옛 성인들의 말씀, 시 등 수많은 책을 읽었습니다.

그렇게 몇 년이 지났습니다. 소꿉친구인 노숙(魯肅)이 여몽의 군대를 찾아왔습니다. 여몽은 노숙을 반갑게 맞이했습니다.

"오랜만일세, 노숙!"

"정말 오랜만이네, 여몽!"

"우리 오늘은 실컷 마시세!"

"그래, 밤새도록 이야기나 하세!"

여몽과 노숙은 밤새도록 술을 마시며 이야기를 나누었습니다.

"아니, 이게 어떻게 된 일인가?"

노숙이 눈을 동그랗게 뜨고 물었습니다.

"자네는 내가 알던 그 옛날 여몽이 아니구먼. 오나라의 서울에 있던 골목대장 여몽이 아니야."

시, 병법은 물론 옛 성인들의 이야기까지 어느 것 하나 막히지 않고 줄줄 말하는 사람은 정녕 노숙이 알던 그 옛날의 여몽이 아니었습니다. 전혀 다른 사람이었습니다. 그러자 여몽이 웃으며 말했습니다.

"허허, 놀랐나? 무식쟁이가 많이 변했지?"

"도대체 어떻게 된 일인가?"

"그동안 공부를 좀 했다네. 그러게 사람은 3일을 만나지 않으면 눈을 크게 뜨고 상대가 어떻게 변했는지 뜯어보라고 하지 않던가!"

그 후에도 여몽은 학문을 게을리하지 않았습니다. 싸움터에서도 책을 손에서 놓지 않았습니다.

『삼국지』의 명장 관우를 생포하여 그 이름이 후세에까지 알려진 여몽의 일화를 통해 배움에는 때가 없다는 것을 알 수 있습니다.

굼벵이는 보기에 징그럽고 더럽지만 매미로 변해 가을 바람에 맑은 이슬을 마신다.

썩은 풀에는 빛이 없지만 화해서 개똥벌레를 만들어 여름 달밤에 빛을 낸다.

진실로 깨끗한 것은 언제나 더러움에서 나오고, 밝은 것은 언제나 어둠에서 생겨난다.

糞蟲至穢 變爲蟬 而飮露於秋風
분충지예 변위선 이음로어추풍

腐草無光 化爲螢 而耀采於夏月
부초무광 화위형 이요채어하월

固知潔常自汚出 明每從晦生也
고지결상자오출 명매종회생야

채근담 전집 24

한자 익히기

- 糞 똥 분
- 至 이를 지
- 飮 마실 음
- 螢 개똥벌레 형
- 晦 그믐 회
- 蟲 벌레 충
- 穢 더러울 예
- 腐 썩을 부
- 耀 빛날 요
- 蟬 매미 선
- 腐草(부초) 썩은 풀
- 糞蟲(분충) 굼벵이, 매미의 애벌레
- 耀采(요채) 광채를 냄

채근담 04

모든 것이 내 탓이다

어떤 젊은이가 『탈무드』(유대인의 경전)를 공부해서 사람들에게 가르치기 위해 랍비(유대교의 스승)를 찾아갔습니다. 젊은이가 찾아온 까닭을 들은 랍비가 말했습니다.

"잘 왔네. 하지만 내가 보기에 자네는 아직 탈무드를 공부할 때가 아닌 것 같네. 좀 더 깨닫고 난 뒤에 다시 오게."

"아직 다 못 깨달았기에 공부를 하려는 것입니다. 전 반드시 탈무드를 공부해야 합니다. 사람들에게 탈무드를 가르치는 것이 제 꿈입니다."

젊은이는 간절하게 말했습니다. 그러나 랍비는 고개를 저었습니다.

"돌아가게."

하지만 젊은이도 그냥 물러서지 않았습니다.

"제발 도와주십시오. 저는 오래전부터 탈무드를 공부하고 싶었습니다. 이렇게 그냥 돌아갈 수는 없습니다."

젊은이는 랍비 앞에 무릎을 꿇었습니다. 그리고 정중하게 다시 한 번 부탁했습니다. 랍비는 여전히 허락해 줄 생각이 없는지 자꾸 딴청을 부렸습니다. 젊은이는 차츰 화가 나기 시작했습니다.

"공부할 때가 아니라니, 무엇을 보고 그리 말씀하시는 겁니까? 공부를 하는 데 자격이 필요한 것은 아니지 않습니까?"

랍비는 이제 아예 젊은이의 말을 듣지도 않고 옆 사람과 이야기를 나누었습니다.

"좋습니다! 그럼 어디 한번 시험해 보십시오. 제가 공부할 자격이 있는지 없는지 알아보란 말입니다."

젊은이가 씨근덕거리며 말했습니다. 그제야 랍비는 젊은이를 돌아보았습니다.

"좋아. 그렇다면 아주 간단한 질문 한 가지만 하겠네."

"좋습니다. 얼마든지 하십시오."

젊은이도 자신만만하게 대답했습니다.

"여기 두 사내아이가 있네. 둘은 아주 친한 친구라네. 아이들은 여름 방학이 되자 용돈을 벌기 위해 굴뚝 청소를 하기로 했다네. 처음으로 굴뚝 청소를 맡았지. 그 둘은 똑같이 굴뚝으로 올라가 청소를 마치고 내려왔다네. 그런데 둘 중 한 아이는 얼굴이 새까맣게 되어 굴뚝에서 내려왔고, 다른 아이는 그을음 하나 묻지 않은 깨끗한 얼굴로 내려왔네. 자, 자네는 두 아이 가운데 누가 얼굴을 씻을 것 같은가?"

"뭐, 그야 당연히 얼굴이 더러운 아이가 씻겠죠."

젊은이는 그렇게 쉬운 것을 왜 물어보느냐는 듯이 망설임 없이 대답하였습니다.

"그러니까 자네는 아직 탈무드를 읽을 자격이 없다는 거야. 얼굴이 검은 아이는 깨끗한 얼굴을 한 친구를 보고 자기 얼굴도 깨끗하다고 생각할 거야. 그렇지만 얼굴이 깨끗한 아이는 어떤가? 얼굴이 더러운 친구를 보고 자기 얼굴도 그렇게 더러운 줄 알지 않겠나?"

그제야 젊은이는 자기가 너무 쉽게 생각했다는 것을 알았습니다.

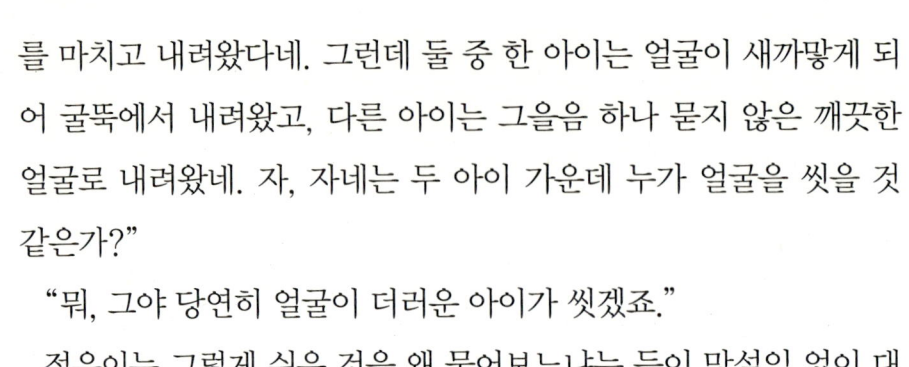

"알겠습니다. 한 번만 더 기회를 주십시오. 부탁입니다. 한 번만 더 시험해 주십시오."

젊은이는 다시 매달렸습니다. 그러자 랍비는 이번에도 똑같은 것을 물어보았습니다.

"두 아이 가운데 누가 얼굴을 씻을 것 같은가?"

'저건 아까 이미 답이 나왔는데 왜 또 물어보지?'

같은 내용을 또 물어보는 것이 이상했지만 젊은이는 이미 답을 알고 있는 문제라 자신 있게 대답했습니다.

"그거야 쉽죠. 당연히 얼굴이 깨끗한 아이가 씻을 것입니다."

그러자 랍비는 차갑게 말했습니다.

"그래서 자네는 아직 탈무드를 공부할 자격이 없다는 것일세."

젊은이는 랍비의 말을 이해할 수가 없었습니다. 젊은이는 랍비에게 따졌습니다.

"아니, 랍비님! 그게 무슨 말씀입니까? 아까는 분명히 얼굴이 깨끗한 아이가 씻을 거라고 하지 않으셨습니까? 그래 놓고 지금은 아니라니……. 도대체 탈무드에는 어떻게 씌어 있습니까? 답이 씌어 있기는 합니까?"

"탈무드에는 두 아이 모두 씻는다고 적혀 있네. 두 아이가 함께 굴뚝 청소를 했다면 한 아이만 더럽고, 한 아이만 깨끗할 리가 없지 않은가."

젊은이는 그제야 자신의 생각이 얼마나 짧았는지 깨달았습니다.

'아하, 그래. 내가 너무 단순히 생각했어. 얼굴이 깨끗하고 더럽다는 것을 너무 깊이 생각했어. 허, 참. 겉으로 보이는 모습보다 속이 더 중요하다는 이야기인 것을 몰랐어. 맞아, 친구 얼굴을 보고 내가 어떤지를 아는 게 아니야. 굴뚝에서 내려왔으니 얼굴이 깨끗한 사람이나, 더러운 사람이나 당연히 자기 얼굴이 더러울 거라고 생각했을 거야. 똑같이 굴뚝 청소를 했으니 똑같이 씻는 게 당연한 거지. 자기 마음에 비추어 남을 보라는 이야기인 것을 내가 미처 몰랐어.'

젊은이는 정중하게 랍비에게 절을 했습니다.

"랍비님 말씀이 맞습니다. 제 공부가 아직 모자란 것 같습니다. 좀 더 깨달은 뒤에 다시 배우러 오겠습니다."

남을 믿는 사람은 남이 모두 성실해서가 아니라 자기 스스로 성실하기 때문이다.

남을 의심하는 사람은 남이 다 속여서가 아니라 자기가 먼저 속이기 때문이다.

信人者 人未必盡誠 己則獨誠矣
신인자 인미필진성 기즉독성의

擬人者 人未必皆詐 己則先詐矣
의인자 인미필개사 기즉선사의

채근담 전집 162

한자 익히기

【信】믿을 신　　【未】아닐 미　　【必】반드시 필
【獨】홀로 독　　【誠】정성 성　　【擬】비길 의
【皆】다 개　　　【詐】속일 사　　【先】먼저 선

채근담
05

신통한 재주

　옛날 옛적 어느 마을에 활을 무척이나 잘 쏘는 젊은이가 있었습니다. 어찌나 활을 잘 쏘는지 한 차례도 빗나간 적이 없었습니다. 백 번 쏘면 백 번을 다 맞혔습니다.
　"대단해! 어쩌면 저렇게 활을 잘 쏠까?"
　"정말, 주몽이 살아서 온 것 같아."
　"하늘에서 내린 재주야!"
　마을 사람들은 젊은이를 볼 때마다 칭찬을 아끼지 않았습니다. 아이들은 젊은이를 매우 존경했고, 어른들도 젊은이에게 함부로 대하지 않았습니다.

사람들이 자기를 치켜세우자 젊은이는 점점 거만해져 갔습니다. 자신의 활 쏘는 재주가 이 세상에서 제일이라고 생각하기 시작했습니다. 그래서 틈만 나면 사람들 앞에서 활을 쏘며 자기 재주를 자랑했습니다.

그러던 어느 날이었습니다. 그 날도 젊은이는 으스대며 활과 화살통을 가지고 거리로 나갔습니다. 젊은이가 거리로 나가자 사람들이 하나 둘 모여들었습니다. 한 아이가 젊은이를 보고 물었습니다.

"아저씨, 정말 그렇게 활을 잘 쏘세요?"

"그럼!"

젊은이는 자신만만하게 대답했습니다.

"그렇다면 내가 말하는 것을 맞힐 수 있어요?"

"물론이지. 무엇이든 말만 하렴."

"저기 저 대문도 맞힐 수 있어요?"

"그럼."

젊은이는 보란 듯이 활을 쏘았습니다. 활은 아이가 말했던 나무 대문에 가 박혔습니다.

"저기 저 날아가는 참새도 맞힐 수 있어요?"

"그럼."

젊은이가 쏜 활은 날아가는 참새 뒤통수에 맞았습니다.

아이는 그 다음으로 꽤 멀리 떨어져 있는 가느다란 버드나무 가지를 가리켰습니다.

"그럼 저기 저 나뭇가지도 맞힐 수 있어요?"

젊은이는 조금도 망설이지 않고 말했습니다.

"물론이지."

젊은이가 화살을 쏘았습니다. 젊은이가 쏜 화살은 정말로 백 걸음 밖에 있는 가는 버들가지를 맞혀 부러뜨렸습니다.

"와아, 정말 맞혔어!"

아이가 제일 먼저 소리쳤습니다. 그러자 다른 사람들도 소리를 질렀습니다.

"정말 놀라운 솜씨야!"

"대단해!"

모두들 손뼉을 치면서 젊은이의 재주를 칭찬했습니다. 그런데 그곳을 지나가던 기름 장수 노인은 달랐습니다. 노인은 그저 피식 웃기만 했습니다.

"쳇, 그게 뭐 대단한 재주라고."

노인은 별것 아니라는 듯 콧방귀를 뀌었습니다. 그것을 본 젊은이는 화가 머리끝까지 났습니다. 여태까지 자기 재주를 우습게 여긴 사람은 아무도 없었거든요.

"대체 노인장은 누구요? 어떤 재주를 가졌기에 나를 우습게 보는 것이오?"

그러자 노인이 말했습니다.

"거, 참! 젊은이가 성질도 급하구려. 진정하구려. 내 어찌 젊은이

를 우습게 여긴단 말이오. 잠시 내 이야기 좀 들어보구려. 내 몇십 년 동안 기름을 팔다 보니 느낀 게 하나 있소. 신통한 재주라 하더라도 기실은 특별한 게 아니라는 것이오. 어떤 일이든지 열심히만 하면 그것이 바로 신통한 재주가 되니 말이오."

하지만 화가 난 젊은이는 노인이 하는 말을 알아듣지 못했습니다.

"그렇다면 노인장에게도 신통한 재주가 있다는 것이오? 어디 그 신통한 재주 좀 봅시다! 얼마나 대단한지 보여 달란 말이오!"

 젊은이는 화가 풀리지 않는다는 듯 큰 소리로 말했습니다. 그러자 노인은 지게를 내려놓고 조롱박을 꺼냈습니다. 그리고 가운데 구멍이 뚫린 동전을 조롱박의 아주 작은 주둥이 위에 올려놓았습니다. 그리고는 국자로 기름을 퍼서 조롱박에 따르기 시작했습니다.

높이 쳐든 국자에서 실오라기 같은 기름 줄기가 쪼르르 흘러내렸습니다. 흘러내린 기름은 동전 구멍을 통해 조롱박 속으로 들어갔습니다. 그런데 참 이상했습니다. 동전 구멍에는 기름 한 방울 묻지 않았습니다.

노인의 재주를 구경하던 사람들은 그만 입이 딱 벌어졌습니다. 기름을 다 부었는데도 구경꾼들은 딱 벌린 입을 닫지 못했습니다.

노인이 웃으며 말했습니다.

"뭐 그리 신통한 재주는 아니오. 그저 내가 날마다 하는 일일 뿐이라오."

기름 장수 노인의 재주를 보고서야 젊은이는 고개를 끄덕였습니다. 이제야 노인이 한 말을 알 수 있을 것 같았습니다. 활 좀 잘 쏘는 것을 특별한 재주라고 여기고 뽐냈던 자신이 부끄러워 젊은이는 아무 말도 하지 못했습니다.

사람들이 공덕과 업적을 뽐내고 문장을 자랑하는 것은 모두 바깥 사물에 의한 것으로 거기에 의지하는 것이다.

　사람의 마음자리는 원래 밝은 것으로 본래의 모습을 잃지만 않는다면, 비록 정적이 조금도 없고 한 자의 글을 모른다 할지라도 저절로 훌륭한 사람이 되는 법인데, 사람들은 이를 알지 못한다.

誇逞功業 炫耀文章 皆是靠外物做人
과령공업 현요문장 개시고외물주인

不知心體瑩然 本來不失
부지심체영연 본래불실

卽無寸功隻字 亦自有堂堂正正做人處
즉무촌공척자 역자유당당정정주인처

채근담 전집 183

한자 익히기

【誇】 자랑할 과　　【逞】 굳셀 령　　【做】 지을 주
【瑩】 밝을 영　　【靠】 기댈 고　　【體】 몸 체
【來】 올 래　　　【隻】 외짝 척　　【人】 사람 인
【炫耀(현요)】 빛남, 자랑함　　【功業(공업)】 공적과 사업
【瑩然(영연)】 찬란하게 빛남

신통한 재주 【39】

채근담 06

아기 쥐 하늘이의 세상 구경

하늘이는 태어난 지 일주일밖에 되지 않은 생쥐입니다. 하늘이는 궁금한 것이 참 많습니다. 까만 눈을 빛내며 엄마를 잠시도 가만두지 않았습니다.

"엄마! 이 집 밖에는 무엇이 있어요?"
"엄마! 혹시 코끼리 봤어요? 어떻게 생겼어요?"
"엄마! 무지개는 무슨 색깔인가요?"
"엄마!"
"엄마!"

하루 종일 어찌나 따라다니면서 귀찮게 묻는지 엄마 쥐도 이제 두 손, 두 발 다 들었습니다.

"하늘아, 제발! 제발 그만 좀 물어보렴."

사실은 엄마 쥐도 가 본 곳이 그리 많지 않아 대답을 제대로 해 줄 수 없었습니다. 엄마 쥐가 대답을 해 주지 않자 하늘이의 궁금증은 점점 더 많아졌습니다. 하늘이의 호기심은 끝이 없었으니까요.

그러던 어느 날, 드디어 하늘이는 결심을 했습니다.

'안 되겠어. 내가 직접 알아봐야겠어! 그래, 좀 더 넓은 세상을 구경하기 위해 떠나는 거야.'

하늘이는 보따리를 꾸려 엄마 쥐에게 인사를 하고 씩씩하게 여행을 떠났습니다.

"하늘아, 조심해야 한다. 알았지?"

엄마 쥐는 마음이 안 놓이는지 대문 앞까지 나와서 하늘이를 배웅했습니다.

집 밖으로 나오자 하늘이는 신이 났습니다. 뭔가 좋은 일이 많이 생길 것 같았습니다.

하늘이가 집을 나와 막 뜰을 향해 모퉁이를 돌려고 할 때였습니다. 이상하게 생긴 두 녀석이 하늘이 쪽으로 다가왔습니다.

한 녀석은 아주 친절하고 점잖아 보였습니다. 그러나 다른 녀석은 무시무시한 괴물처럼 보였습니다. 머리 꼭대기와 목 앞 쪽에 붉은 고기 조각을 마구 달고 있어서 보기에도 흉측했습니다. 녀석은 쉬지 않고 돌아다니며 발가락으로 땅을 쥐어뜯고 자기 몸 양쪽을 팔로 마

구 두드렸습니다. 그러다 하늘이와 눈이 딱 마주쳤습니다. 녀석은 뾰족한 입을 크게 벌리며 하늘이에게 다가왔습니다.
"찍찍, 안 돼!"
겁에 질린 하늘이가 소리를 질렀습니다. 얼마나 무서운지 그만 오줌도 찔끔 지렸습니다. 그러나 녀석은 하늘이는 거들떠보지도 않고 소리를 버럭 질렀습니다.
"꼬끼오오오."

어찌나 소리가 우렁차고 큰지 하늘이는 그만 정신을 잃을 뻔했습니다.

'어휴, 저렇게 목소리가 큰 녀석은 정말 처음이야.'

하늘이는 가슴을 쓸어내렸습니다. 하지만 하늘이는 속이 상했습니다. 그 녀석이 소리를 지르는 통에 예쁘게 생긴 또 다른 녀석이 그만 어디론가 달려갔기 때문입니다.

'저 녀석이 소리만 지르지 않았으면 어쩜 다른 녀석과 친구가 되었을지도 모르는데."

하늘이는 아까 본 멋진 녀석과 말도 한번 나누지 못한 것이 생각할수록 서운했습니다.

'에이, 그 녀석은 정말 착하고 점잖아 보였는데. 털도 아름답고, 꼬리도 길고 멋졌는데. 아까 날 보고 꼬리를 흔들며 웃어 주기까지 했는데. 에이, 이게 모두 다 아까 그 목소리만 큰 놈 때문이야.'

하늘이는 계속 툴툴거렸습니다.

'기분 나빠서 오늘은 그만 집으로 가야겠어.'

집으로 돌아온 하늘이는 엄마 쥐에게 밖에서 있었던 일을 모두 얘기해 주었습니다.

"엄마, 엄마. 아까 그 녀석은 정말 멋지게 생겼어. 아까 그 괴물 같은 녀석만 아니었으면 인사를 나누었을 텐데. 다음에 만나면 꼭 인사할 거야."

하늘이의 이야기를 들은 엄마 쥐는 혀를 쯧쯧 찼습니다.

"하늘아, 아까 그 멋지고 점잖게 생긴 녀석이 바로 고양이란다. 고양이는 우리 쥐들의 원수야. 하마터면 꼼짝없이 잡혀먹힐 뻔했구나. 앞으로 고양이를 보거든 절대 아는 척을 해서는 안 된다. 아까 네가 목소리만 크다고 했던 녀석은 그렇게 무서워하지 않아도 된단다. 그 녀석은 수탉이라고 하는데, 결코 너를 해치지 않는단다. 하늘아, 내 말을 잘 기억해라. 겉모습으로 그 동물을 알 수 있는 것은 아니란다. 앞으로는 절대로 겉모습으로 판단해서는 안 된다. 알았느냐?"

엄마 쥐의 이야기를 다 듣고서야 하늘이는 아까 그 점잖고 멋진 녀석에게 인사를 하지 않은 것이 얼마나 다행인지 깨달았습니다.

내가 귀한 신분이라고 남들이 나를 받드는 것은 나의 이 높은 관과 큰 허리띠를 받드는 것이다.
　　내가 천하다고 남들이 나를 업신여기는 것은 나의 이 베옷과 짚신을 업신여기는 것이다.
　　그러므로 본래의 나를 받드는 것이 아니니 내 어찌 기뻐할 것인가? 또 본래의 나를 업신여기는 것이 아니니 내 어찌 성을 내겠는가?

我貴而人奉之 奉此峨冠大帶也
아귀이인봉지 봉차아관대대야

我賤而人侮之 侮此布衣草履也
아천이인모지 모차포의초리야

然則原非奉我 我胡爲喜? 原非侮我 我胡爲怒?
연즉원비봉아 아호위희? 원비모아 아호위노?

채근담 전집 172

한자 익히기

【貴】귀할 귀　　【奉】받들 봉　　【冠】갓 관
【帶】띠 대　　【賤】천할 천　　【侮】업신여길 모
【衣】옷 의　　【履】밟을 리　　【原】근원 원

【峨冠大帶(아관대대)】 높은 관과 넓은 띠. 옛날 높은 자리에 있던 사람들은 이러한 관과 복장을 하였으므로 고관대작을 의미하는 말로 사용되었다.

【布衣草履(포의초리)】 베옷과 짚신. 벼슬 없이 가난하게 사는 것을 뜻한다.

채근담 07

그냥 가, 뛰지 말고!

　서울 용산의 작은 마을 뒷골목엔 조그만 국숫집이 하나 있습니다. 탁자가 네 개뿐인 아주 작은 집으로 25년이나 된 아주 오래된 국숫집입니다. '옛집'이라는 나무로 만든 간판도 너무 오래되어 바람이 불면 흔들흔들합니다.
　'옛집'에 가면 나이 든 할머니가 국수를 말아 줍니다. 등이 굽고 머리가 하얀 할머니는 25년 동안 하루도 쉬지 않고 국숫집 문을 열었습니다. 10년째 국수 값도 '2천 원' 그대로입니다. 하지만 맛은 기가 막힙니다.
　할머니는 아침 일찍 일어나 연탄불에 국수 국물을 올려놓습니다.

국물에 다시마를 넣고, 물이 팔팔 끓으면 굵직한 멸치를 집어넣습니다. 그리고는 오래도록 국물을 우려냅니다. 국물이 다 우려지면 이번에는 김치를 송송 썰어 양념을 합니다. 계란도 흰자, 노른자 가려내어 얇게 부칩니다. 계란 부친 것은 가늘게 썰어 그릇에 담아 둡니다. 그런 다음 국수 삶을 준비를 합니다.

손님이 오면 할머니는 잘 삶은 국수에 멸치장국을 붓고 김치와 계란 썬 것을 올려놓습니다. 그리고는 손님에게 가져다 줍니다. 손님이 먹는 것을 보다가 국수가 조금 모자라는 것 같으면 얼른 더 가져다 줍니다. 뜨끈뜨끈한 국물도 다시 부어 줍니다.

어느 날, '옛집'에 남자 손님이 하나 찾아왔습니다. 그 남자는 언제 잘랐는지 머리는 치렁치렁하고, 진흙탕에서 뒹군 것처럼 점퍼는 지저분하기 짝이 없었습니다. 잠을 못 잤는지 눈은 새빨갛고, 입은 삐쭉 튀어나와 있습니다.

사실 남자는 어제 저녁부터 아무것도 먹지 못했습니다.

남자는 노숙자 신세로 거리에서 먹고 잡니다. 15년 전, 친한 친구에게 사기를 당해 모든 재산을 잃었습니다. 아내는 가난한 사람은 싫다며 남자를 떠나갔습니다. 방을 얻을 돈이 없어 아이들은 고아원에 맡겼습니다.

남자는 지하철역에서 라면 박스를 깔고 자며, 공원 앞에 줄을 서 있다가 무료로 나누어 주는 밥을 받아 먹곤 합니다. 가끔 역 앞에 있는 아무 식당이나 들어가 거지 흉내를 내며 밥을 구걸하기도 합니다.

"아주머니, 배가 고파 죽겠어요. 밥 좀 주세요!"

"아저씨, 배가 고파 죽겠어요. 국 좀 주세요!"

가끔 착한 식당 주인들을 만나면 밥 한 끼는 먹을 수 있습니다. 하지만 잘못하면 물벼락을 맞기도 합니다. 남자가 식당 문을 열고 들어가면 사람들은 냄새가 난다며 코를 먼저 싸쥡니다. 그러면 식당 주인들은 눈을 치켜 뜨고 어서 나가라고 소리를 지릅니다. 그래도 남자가 나가지 않으면 힘센 남자들을 불러 억지로 쫓아냅니다.

"제발 부탁이에요. 사흘 동안 아무것도 못 먹었어요. 밥 좀 주세요."

아무리 사정을 해도 소용없습니다. 어쩔 땐, 남자는 막무가내로 의자를 잡고 늘어지기도 합니다. 그러면 식당 주인들은 경찰을 부릅니다. 지구대에 끌려가 경찰들에게 혼이 난 적도 한두 번이 아닙니다.

남자는 점점 지쳐 갔습니다. 세상이 밉고 사기를 친 친구와 집을 나간 아내를 용서할 수 없었습니다. 아이들도 너무 보고 싶었습니다. 식당을 하면서 밥 한 끼도 주지 않는 사람들도 너무 미웠습니다. 그래서 남자는 못된 결심을 했습니다.

'에잇, 이놈의 세상! 그냥, 콱 죽어 버리는 거야!'

'그래, 더 살 필요가 없어!'

'그런데 너무 억울해! 나 혼자 죽기는 너무 억울해!'

혼자 죽을 수는 없다고 생각한 남자는 휘발유를 한 통 준비했습니다.

그 날 아침에도 남자는 휘발유통을 들고 식당을 찾아다녔습니다.

'제발 밥을 줘. 나도 죽고 싶진 않다고…….'

역 앞에 있는 식당을 열 군데나 들어갔지만 식당 주인들은 모두 야멸차게 남자를 내쫓았습니다. 혀를 끌끌 차기도, 소금을 뿌리기도 했습니다. 아무리 사정해도 모두들 모른 척했습니다.

'이 집이 마지막이야. 이 집에서도 먹을 것을 안 주면 휘발유를 끼얹어 죽고 말 테야.'

남자는 마지막으로 국숫집 문을 열고 들어갔습니다. 국숫집에는 손님이 두어 명 있었습니다. 남자는 얼른 자리 하나를 차지하고 앉았습니다.

"국수 한 그릇 주세요!"

남자는 아무렇지도 않게 국수를 달라고 했습니다.

잠시 후, 등이 굽은 할머니가 국수 한 그릇을 가져다 주었습니다. 남자는 허겁지겁 1분 만에 국수를 다 먹었습니다. 옆에 서 있던 할머니가 얼른 그릇을 빼앗아 갔습니다. 그러더니 국수와 국물을 한 가득 담아 왔습니다. 남자는 또 허겁지겁 국수를 먹었습니다.

국수를 두 그릇이나 먹은 남자는 벌떡 일어나더니 문을 열고 냅다 도망을 쳤습니다. 할머니가 문을 열고 쫓아 나오면서 남자 뒤에 대고 소리쳤습니다.

"그냥 가, 뛰지 말고! 다쳐!"

정신없이 도망가던 남자는 그만 그 자리에 주저앉았습니다.

남자는 그 뒤 환경 미화원으로 취직을 했습니다. 새벽이면 거리로 나가 쓰레기를 주워야 했지만 밥을 굶지 않아 좋았습니다. 조금씩 저축도 했습니다.

어느 날, 남자는 텔레비전에 할머니의 국숫집이 나오는 것을 보았습니다. 남자는 울면서 방송국에 전화를 걸었습니다.

"어제 텔레비전에 국숫집이 나온 걸 봤습니다. 그 프로그램을 만든 프로듀서 좀 바꿔 주세요."

프로듀서가 전화를 받자 남자는 무조건 말했습니다.

"감사합니다! 정말 감사합니다!"

부유할 때는 가난하고 천한 사람의 고통을 알아야 하고,
젊어 건강할 때는 늙고 쇠약한 사람의 괴로움을 생각해야 한다.

處富貴之地 要知貧賤的痛癢
처 부귀 지지 요지 빈천적 통양

當少壯之時 須念衰老的辛酸
당 소장 지시 수념 쇠로적 신산

채근담 전집 187

한자 익히기

【貧】 가난할 빈   【賤】 천할 천   【要】 요긴할 요
【貴】 귀할 귀   【壯】 장할 장   【時】 때 시
【須】 모름지기 수   【衰】 쇠할 쇠   【老】 늙을 로(노)
【痛癢(통양)】 고통스러움과 가려움증, 즉 가난으로 겪는 고생을 말함
【辛酸(신산)】 맵고 시다, 즉 고통의 다른 말

채근담 08

친구의 욕심

두 친구가 여행을 떠났습니다.

두 사람은 어릴 때부터 한 동네에서 태어나 같이 자랐습니다. 둘은 학교도 같이 다녔습니다.

어찌나 친한지 늘 붙어다녀서 사람들은 그 둘을 '단짝'이라고 불렀습니다.

두 사람이 어느 숲 속 마을을 지나갈 때의 일입니다.

그 날도 둘은 나란히 길을 걷고 있었습니다. 그런데 한 친구가 길에서 무엇인가를 주워들었습니다.

"그게 무엇인가?"

친구가 물었습니다.

"지갑이야, 지갑!"

"뭐, 지갑?"

"정말 난 운이 좋아!"

지갑을 주운 친구가 신이 나서 말했습니다.

"내가 지갑을 하나 주웠어."

친구는 지갑을 흔들어 보았습니다.

"제법 무거워. 돈이 가득 든 모양이야. 아니, 금이 들었나? 아무래도 상관없어. 난 이제 부자가 될 거야."

그러자 옆에 있던 친구가 삐쭉거리며 말했습니다.

"그게 무슨 소린가? 자네가 부자가 될 거라니! 자네 혼자 지갑을 발견했다는 건가?"

"당연하지!"

지갑을 발견한 친구가 무슨 소리냐는 듯 되물었습니다.

"지갑은 우리가 함께 주운 것일세. 둘이 나란히 길을 걷다가 본 것이란 말일세. 그러니 지갑에 든 돈은 똑같이 나누어 가져야 하네. 암, 똑같이 나누어야 하고말고. 우리는 친구가 아닌가? 여행자들은 원래 행운과 불행을 똑같이 나누어 갖는 법일세."

그러자 지갑을 주운 친구가 버럭 화를 냈습니다.

"그게 무슨 소리인가? 지갑은 내가 먼저 보았어. 지갑은 내 거야!"

"우리 둘이 함께 보았다니까!"

친구도 지지 않고 소리를 질렀습니다.
"내가 먼저 보았다니까!"
"같이 보았다니까!"
둘은 점점 더 소리를 높여 가며 싸웠습니다.
그 때 한 무리의 사람들이 두 사람을 향해 달려왔습니다. 사람들은 커다란 몽둥이를 들고 마구 소리를 치며 달려왔습니다.
"야, 이 도둑놈아! 거기 멈춰라, 멈춰!"
그러자 지갑을 주운 친구의 얼굴이 노래졌습니다.
"여보게, 친구. 어쩌지? 아무래도 지갑 주인인 모양일세."
"글쎄."
"이 지갑이 우리에게 있다는 것을 알게 되면 우린 끝장이네! 뭐 좋은 방법이 없겠나?"

지갑을 주운 친구는 겁에 질려 얼굴이 점점 더 흙빛이 되었습니다. 사람들은 점점 더 가까워지고 있었습니다. 그러자 다른 친구가 느긋하게 말했습니다.

"설마 죽이기야 하겠나?"

"자네 지금 그게 무슨 소리인가? 자네는 겁나지 않는다는 말인가?"

지갑을 주운 친구의 목소리는 더욱 작아졌습니다.

"내가 왜 겁을 내나? 그 지갑은 자네가 주웠는데……."

친구가 딱 잘라 말하자 지갑을 주운 친구는 더욱 안절부절못하며 말했습니다.

"그 지갑은 우리 둘이 주운 것이 아닌가? 아까 자네 입으로 그러지 않았나? 우리는 친구고, 여행자들은 행운이든 불행이든 나누어야 한다고……."

"방금 전에 자네는 말했네. '우리'가 아니라 '내'가 지갑을 주웠다고. 자, 나 먼저 가네. 자네는 천천히 오게."

말을 마친 친구는 뒤도 돌아보지 않고 성큼성큼 앞장서서 걸어갔습니다.

인생의 복과 재앙은 모두 마음 속에서 이루어진다. 그러므로 석가모니는 '욕심이 불길같이 타오르면 이것이 곧 불구덩이이고, 탐욕에 빠지면 그것이 곧 고해로다. 마음이 맑으면 불길도 연못이 되고, 마음에 깨닫게 되면 배는 저 피안에 오른다.'고 하였다. 이렇듯 생각이 조금만 달라져도 경계는 갑자기 변하게 된다. 그러니 어찌 삼가지 않을 수가 있겠는가?

人生福境禍區 皆念想造成 故釋氏云

인생복경화구 개념상조성 고석씨운

'利欲熾然 卽是火坑 貪愛沈溺 便爲苦海 一念淸淨

'이욕치연 즉시화갱 탐애침닉 변위고해 일념청정

熱焰成池 一念警覺 船登彼岸'

열염성지 일념경각 선등피안'

念頭稍異 境界頓殊 可不愼哉?

염두초이 경계돈수 가불신재?

채근담 후집 108

한자 익히기

- 【福】 복 복
- 【禍】 재앙 화
- 【念】 생각 념(염)
- 【欲】 하고자 할 욕
- 【坑】 구덩이 갱
- 【焰】 불꽃 염
- 【覺】 깨달을 각
- 【船】 배 선
- 【頭】 머리 두
- 【彼岸】(피안) 불가에서 말하는 이상 세계
- 【苦海】(고해) 괴로운 인간 세계
- 【淸淨】(청정) 맑고 깨끗함, 더럽거나 속되지 않음, 죄가 없이 깨끗함

채근담 09

깡패를 제자로 받아들인 공자

공자에게는 3,000명이나 되는 제자가 있었다고 합니다.
그 가운데 자로(子路)라는 제자는 무지막지한 깡패였습니다. 공자는 왜 깡패를 제자로 받아들였던 것일까요?

자로는 용감하고 힘쓰는 것을 좋아하는 사람이었습니다. 참을성이 적고 성격이 급해서 생각 없이 말을 불쑥불쑥 내뱉곤 했습니다. 하고 다니는 모습도 괴상하기 짝이 없었습니다. 수탉의 꼬리를 머리에 꽂는가 하면, 산돼지 가죽으로 만든 주머니를 허리에 차고 다니기도 했습니다.

자로를 처음 만난 날 공자가 물었습니다.

"자네는 무엇을 좋아하는가?"

그러자 자로는 거침없이 대답했습니다.

"긴 칼을 좋아합니다."

공자가 다시 물었습니다.

"그런 걸 물어본 것이 아닐세. 혹 공부를 할 생각은 없는가? 자네는 용맹하고 씩씩하니 배우기만 하면 분명 큰 인물이 될 것이네."

그러자 자로가 껄껄 웃으며 말했습니다.

"하하, 꼭 공부를 해야만 합니까? 공부가 살아가는 데 도대체 무슨 도움이 됩니까?"

공자가 다시 말했습니다.

"임금이 되었다고 하나, 바른말을 해 주는 신하가 없으면 나라를 제대로 다스릴 수 없네. 선비라고 하나, 가르쳐 주는 친구나 스승이 없으면 귀가 먼 것이나 마찬가지네. 미친 말을 몰 때는 어찌해야 하는가? 채찍을 잠시도 놓아서는 안 되네. 한 번 당긴 활을 다시 당길 수 있는가? 활을 두 번 당길 수는 없다네. 마찬가지네. 쇠는 망치질을 해야 더 단단해지고, 사람은 다른 사람의 이야기를 들어야 비로소 훌륭한 사람이 된다네. 사내로 태어나 배우지 않으면 무엇이 되겠는가? 도둑이나 깡패밖에 더 되겠는가?"

화가 난 자로가 공자에게 대들었습니다.

"참 요상한 말씀을 하십니다. 남산에 있는 푸른 대나무는 휘어잡지 않아도 곧기만 합니다. 대나무를 잘라 화살을 만들면 가죽으로 만든 과녁도 쉽게 뚫을 수 있습니다. 이처럼 이 세상에 있는 것들은 모두 쓰임새가 있는 법입니다. 굳이 공부를 해야만 하는 까닭이 무엇입니까?"

그러자 공자는 찬찬히 자로를 타일렀습니다.

"자네 말도 맞네. 하지만 공부는 대나무 화살을 더욱 날카롭게 만드는 것과 같은 것이네. 대나무 밑동을 잘 다듬어 깃털을 달고, 앞머리에 쇠로 만든 촉을 달아 보게. 그런 다음 날카롭게 갈아 보게. 대나무 화살이 더욱 좋은 무기가 되지 않겠는가? 못 뚫을 것이 없지 않겠는가?"

그제야 자로는 공자 앞에 무릎을 꿇었습니다.

"가르쳐 주십시오. 제자가 되겠습니다."

자로는 그렇게 공자와 한 약속을 죽을 때까지 지켰습니다. 공자의 말은 무엇이든 따랐습니다. 그래서 공자는 자로를 무척 아끼고 사랑했습니다. 다른 제자들보다 꾸지람도 많이 하고 칭찬도 많이 했습니다.

하루는 자로가 울긋불긋 화려한 옷차림을 하고 공자 앞에 나타났습니다. 스승과 함께 공부하는 친구들에게 새 옷을 자랑하고 싶었나 봅니다. 이 모습을 본 공자가 자로를 마구 나무랐습니다.

"허허, 이 미련한 놈아! 지금 우리 앞을 흐르는 저 양쯔 강이 처음

부터 저렇게 깊고 컸다고 생각하느냐? 저 크고 넓은 양쯔 강도 처음에는 아주 작은 개울물이었느니라. 겨우 술잔 하나를 띄울 수 있는 하찮은 개울물이 흐르고 흘러, 강줄기가 모이고 합해져서 물도 많아지고 물살도 세어진 것이란 말이다. 그렇게 해서 지금처럼 큰 배를 타지 않고는 건널 수 없는 큰 강이 된 것이란 말이다. 무엇이든 마음가짐이 중요한 것이다. 그런데 지금 네 꼴은 그게 무어냐? 옷차림이 그게 무엇이냔 말이다."

자로는 공자의 말에 얼굴이 붉어져 아무 말도 못했습니다. 그리고는 얼른 집으로 뛰어가 허름한 옷으로 갈아입고 왔습니다.

그렇게 공자를 받들어 모셨던 자로는 그만 무사들의 칼을 맞고 죽었습니다. 자로의 시체가 토막이 나서 소금에 절여졌다는 이야기를 듣자 공자는 뜰에 내려와 눈물을 하염없이 흘렸습니다. 그러더니 제자들에게 소리쳤습니다.

"우리 집 안에 있는 짠지독(절일 때 쓰는 독)을 모두 엎어 버려라!"

공자는 사랑하는 제자를 잃은 아픔으로 시름시름 앓았습니다. 그러더니 얼마 되지 않아 세상을 떠나고 말았습니다.

더러운 땅에는 초목이 많이 자라지만, 맑은 물에는 언제나 고기가 없다.
그러므로 군자는 마땅히 때묻은 것을 감싸고 더러운 것도 받아들이는 아량을 지녀야 하며, 깨끗한 것을 좋아하여 홀로 행하는 마음을 가져서는 안 된다.

地之穢者 多生物 水之淸者 常無魚
지지예자 다생물 수지청자 상무어

故君子當存含垢納汚之量 不可持好潔獨行之操
고군자당존함구납오지량 불가지호결독행지조

채근담 전집 76

한자 익히기

【穢】더러울 예　　【含】머금을 함　　【垢】때묻을 구
【納】바칠 납　　【潔】깨끗할 결　　【操】잡을 조
【生物(생물)】살아 있는 동물이나 식물　　【含垢(함구)】때묻은 것을 받아들임
【納汚(납오)】더러운 것을 받아들임
【好潔獨行(호결독행)】깨끗하게 굴며 세상의 흐름에 휩쓸리지 않고 지조를 지키며 살아감

채근담 10

잃어버린 백금 덩어리

옛날 옛적 어느 마을에 달문이라는 사람이 살았습니다.

달문이네 집은 세 끼 밥도 먹기 힘들 정도로 아주아주 가난했습니다. 옷도 다 떨어진 누더기뿐이었습니다. 그래도 달문이는 늘 웃고 다녔습니다.

달문이는 싹싹하고 정이 많아 친구들이 많았습니다. 그 중에는 번쩍거리는 비단옷을 입고 고래 등 같은 커다란 집에 사는 이들도 많았습니다. 하지만 달문이는 조금도 기죽지 않았습니다.

"형님, 저 왔어요."

"아우, 며칠 못 보는 동안 잘 지냈나?"

또한 달문이는 의리의 사나이였습니다. 친구에게 어려운 일이 생기면 누구보다도 먼저 달려가곤 했습니다.

"어머님이 넘어지셨다며? 그래, 많이 편찮으신가?"

"이번 비에 지붕이 샜다며? 자, 얼른 나랑 같이 고치세."

그래서인지 친구들도 다들 달문이를 좋아했습니다.

달문이는 나이가 쉰 살이 넘었는데도 장가갈 생각을 하지 않았습니다.

"어이, 달문이! 자네도 이제는 장가를 가야지."

"달문이, 자네 그러다 총각 귀신이 되겠네."

마을 어른들이 걱정을 하면 달문이는 껄껄 웃으며 이렇게 말하곤 했습니다.

"장가는요, 제겐 친구들이 있는 걸요."

"예끼, 이 사람아. 늙으면 어쩌려고 그래. 뭐니뭐니해도 마누라가 최고야."

"걱정하지 마십시오. 제 친구들은 늙었다고 저를 무시하지 않을 테니까요."

그러던 어느 날, 달문이는 이웃 마을에 사는 친구 집에 찾아갔습니다.

"여보게, 친구. 나 왔네."

친구는 반갑게 달문이를 맞았습니다.

"잘 왔네. 그렇지 않아도 심심했던 참이네. 나랑 장기나 두세."

달문이와 친구는 오래도록 장기를 두었습니다. 저녁까지 잘 얻어먹고 달문이는 집으로 돌아왔습니다.

밤이 되어 막 잠이 들려고 할 때였습니다. 아까 그 친구가 헐레벌떡 달문이를 찾아왔습니다.

"아니, 이 밤중에 웬일인가?"

"자네, 아까 낮에 혹시……."

"혹시, 뭐?"

무슨 일인지 잠시 머뭇거리던 친구가 입을 열었습니다.

"사실은 아까 자네가 오기 바로 전에 장인께서 백금 덩어리를 보

내 주셨다네. 그걸 보고 있던 참에 자네가 온 걸세. 그래서 얼른 탁자 밑에 두었는데……. 자네가 가고 나서 보니 그 백금 덩어리가 없지 뭔가?"

"그래서?"

달문이가 물었습니다.

"방에 들어온 사람은 달문이 자네하고 우리 집 하인밖에 없네. 하인이야 우리가 있을 때 들어왔었으니 탁자 밑에 있는 백금을 가져가지는 못했을 거야."

"그래서 지금 날 의심하는 건가?"

"미안하네. 하지만 이상하지 않은가? 백금 덩어리에 발이 달린 것도 아닌데 탁자 밑에 있던 백금 덩어리가 어디로 갔단 말인가?"

"허허, 거참!"

친구의 말에 달문이는 헛기침만 했습니다.

"여보게, 달문이. 사람은 누구나 실수를 할 수 있네. 잠깐 아차 하는 순간에 자기도 모르게 남의 물건에 손을 대기도 하지. 나도 어릴 때 그런 적이 있네. 그 백금은 정말 소중한 것이네. 아무에게도 이야기하지 않을 테니 잘 생각해 보고 돌려 주게나. 부탁하네."

친구가 돌아가고 나자 달문이는 기가 막혔습니다.

'허허, 보지도 못한 백금 덩어리를 내놓으라니…….'

이튿날 날이 밝자마자 달문이는 친구들을 찾아갔습니다. 하루 종일 달문이는 친구들을 찾아다니며 돈을 빌렸습니다. 그렇게 백금

값을 마련하자 달문이는 어제 그 친구를 찾아갔습니다.

"미안하네. 내가 잠깐 눈이 멀었던 모양일세. 자네 집에서 가져온 백금은 이미 팔아 버려 다시 찾을 수가 없다네. 대신 돈으로 가져왔으니 받게."

달문이는 한 마디 변명도 하지 않고 집으로 돌아왔습니다.

며칠이 지났습니다. 백금을 잃어 버렸던 친구가 달문이를 찾아왔습니다. 친구는 달문이를 보자 넙죽 엎드렸습니다.

"여보게, 달문이. 미안하네, 정말 미안해."

"무슨 일인가?"

"백금 덩어리를 찾았다네. 내가 잠깐 정신이 나갔던 모양이네. 보자기에 잘 싸서 장롱 깊은 곳에 넣어 두고는 죄 없는 자네를 잡았네. 용서해 주게."

친구가 머리를 조아리며 용서를 빌자 달문이는 허허 웃으며 말했습니다.

"되었네. 걱정하지 말게나. 자네는 자네 백금을 도로 찾았고, 나는 돈을 도로 찾았으니 잘 되었지 않은가? 사과할 일이 뭐 있나?"

달문이가 그렇게 말하자 친구는 더욱 부끄럽고 미안해 어쩔 줄 몰랐습니다.

남을 해치려는 마음을 가져서도 안 되지만, 남의 해를 막으려는 마음이 없어서도 안 된다. 이것은 염려에 소홀함을 경계하는 말이다.

차라리 남에게 속아 넘어갈망정, 미리 남이 나를 속일 것이라고 짐작하지 말라. 이것은 살핌이 지나침을 경계하는 말이다.

이 두 가지 말을 함께 가지고 있으면 생각이 밝아지고 덕성 또한 두터워질 것이다.

害人之心 不可有 防人之心 不可無 此戒疎於慮也
해인지심 불가유 방인지심 불가무 차계소어려야

寧受人之欺 毋逆人之詐 此警傷於察也
영수인지기 무역인지사 차경상어찰야

二語並存 精明而渾厚矣
이어병존 정명이혼후의

채근담 전집 129

한자 익히기

【害】 해할 해   【防】 막을 방   【戒】 경계할 계
【疎】 멀리할 소 【慮】 생각할 려 【受】 받을 수
【欺】 속일 기   【詐】 속일 사   【警】 깨우칠 경
【並】 아우를 병 【存】 있을 존   【渾厚(혼후)】 매우 두텁다

채근담 11

생쥐와 사자

　사자 한 마리가 피곤한지 큰 머리를 앞발에 기댄 채 숲 속에 누워 정신없이 쿨쿨 자고 있습니다. 그 때 누군가 사자의 코를 건드렸습니다.
　"어훙, 누구냐?"
　달콤한 잠을 깨게 되어 사자는 화가 잔뜩 났습니다. 사자는 버럭 소리를 질렀습니다.
　그런데 이게 웬일입니까? 세상에 사자의 코를 건드린 것은 바로 작디작은 생쥐 한 마리였습니다.
　"이런 고얀 놈! 감히 내 잠을 깨우다니!"

자기를 깨운 것이 생쥐라는 것을 알게 되자 사자는 더욱 화가 났습니다. 그래서 큼지막한 앞발을 들어 올려 겁을 주었습니다.

"내 너를 그냥 두지 않겠다!"

사자가 생쥐를 밟으려고 하자 생쥐는 눈물을 뚝뚝 흘리면서 용서를 빌었습니다.

"잘못했어요! 살려 주세요!"

하지만 사자는 생쥐의 말을 들은 척도 하지 않았습니다.

"저를 풀어 주시면 언젠가는 그 은혜를 꼭 갚겠어요. 그러니 제발 살려 주세요! 네?"

생쥐가 아무리 애원해도 사자는 생쥐의 말이 믿기지 않아 코웃음만 쳤습니다.

"은혜를 갚겠다? 너처럼 작은 생쥐가 나를 도울 일이 있을 것 같으냐?"

"그럼요. 꼭 있을 거예요. 그러니 제발 살려 주세요!"

생쥐는 손이 발이 되게 빌었습니다. 얼마나 겁에 질렸는지 얼굴까지 하얘졌습니다.

벌벌 떨며 비는 생쥐를 보자 사자는 마음이 조금 흔들렸습니다.

'허허, 참! 저놈 말을 한번 믿어 볼까? ······아니지, 내가 저놈에게 도움받을 일이 어디 있겠어? 모처럼 든 잠을 깨어 놓았으니 벌을 주는 게 당연해. ······아니야, 지금 꼭 저놈을 잡아먹을 필요는 없어. 저렇게 작은 놈을 잡아먹어 봤자 배가 부르지도 않을 거야. 속는 셈

치고 한번 믿어 보는 거야. 그래, 은혜를 베풀어 보자고.'

어떻게 할지 마음을 정한 사자는 거들먹거리며 말했습니다.

"좋아. 네 말을 한번 믿어 보도록 하지. 하지만 조심해! 또다시 내 잠을 깨울 때는 용서하지 않을 테니!"

사자는 으름장을 놓았습니다. 생쥐는 살아난 것이 좋아서 펄쩍펄쩍 뛰었습니다.

며칠이 지났습니다. 숲에서 먹이를 찾던 사자는 그만 사냥꾼이 쳐 놓은 그물에 걸리고 말았습니다.

'이런, 이를 어째? 이런, 이런!'

아무리 움직여도 사자를 묶은 밧줄은 풀리지 않았습니다.

'이거 큰일이군. 사냥꾼이 오기 전에 풀어야 할 텐데……'

이리저리 둘러보았지만 주위에는 아무도 없었습니다.

'허허, 이러다가는 꼼짝없이 잡히게 생겼어.'

사자는 도움을 청하기로 했습니다. 그래서 '어흥, 어어흥!' 하고 숲 속이 떠나가라 큰 소리로 울부짖었습니다.

숲 속을 산책하던 생쥐가 마침 그 소리를 들었습니다. 생쥐는 얼

른 사자의 울음소리가 나는 곳으로 달려갔습니다.

"사자님, 괜찮으세요?"

"아니, 넌 지난번 그 생쥐가 아니냐?"

"사자님 울음소리를 듣고 왔어요. 조금만 기다리세요. 제가 금방 구해 드릴게요."

생쥐가 말했습니다.

"정말 네가 할 수 있겠느냐?"

"그럼요. 걱정하지 마세요!"

말을 마치자마자 생쥐는 가장 튼튼한 밧줄을 찾아 갉기 시작했습니다. 생쥐의 뾰족한 이빨에 밧줄이 조금씩 잘려져 나갔습니다. 생쥐는 이리저리 부지런히 왔다 갔다 하며 열심히 밧줄을 갉았습니다. 생쥐가 땀을 뻘뻘 흘리며 한참을 움직인 덕에 마침내 사자는 밧줄에서 풀려났습니다.

"어때요? 제 말이 맞았죠?"

생쥐가 사자를 보고 웃었습니다.

"지난번에 제가 은혜를 갚겠다고 했을 때 사자님은 믿지 않으셨죠? 웃으셨죠?"

"미안하다, 생쥐야."

사자가 진심으로 사과했습니다.

"아니에요. 자, 그럼 이것으로 지난번 빚은 다 갚은 거예요!"

생쥐가 웃으면서 쪼르르 숲 속으로 뛰어갔습니다.

'허허, 동물의 왕인 내가 저 조그만 생쥐 덕을 톡톡히 보았군.'

사자는 생쥐가 사라진 곳을 보며 웃었습니다.

착한 일을 하여도 그 이익은 보이지 않지만, 이는 마치 풀 속의 호박넝쿨과 같아서 모르는 사이에 저절로 자라난다.

악한 일을 하여도 그 손해는 보이지 않지만, 이는 마치 뜰 앞의 봄눈과 같아서 틀림없이 녹아 사라지고 말 것이다.

爲善不見其益 如草裡東瓜 自應暗長
위선불현기익 여초리동과 자응암장

爲惡不見其損 如庭前春雪 當必潛消
위악불현기손 여정전춘설 당필잠소

채근담 전집 164

한자 익히기

- 【善】 착할 선
- 【見】 나타날 현(볼 견)
- 【益】 더할 익
- 【裡】 속 리
- 【應】 응할 응
- 【暗】 어두울 암
- 【損】 덜 손
- 【庭】 뜰 정
- 【雪】 눈 설
- 【潛】 잠길 잠
- 【消】 사라질 소
- 【東瓜(동과)】 호박 줄기는 매우 빠르게 자라나 보이지 않은 것을 비유한 말
- 【自應(자응)】 응당, 스스로
- 【暗長(암장)】 모르는 사이에 자람
- 【當必(당필)】 마땅히, 반드시
- 【潛消(잠소)】 모르는 사이에 녹아 없어짐

채근담 12

거만스러운 나귀

햇볕이 아주 따뜻한 날입니다. 가벼운 짐을 진 나귀 한 마리가 길을 가고 있습니다.

날씨가 맑고 상쾌해 나들이를 나온 나귀는 기분이 좋습니다. 등에 진 짐도 가벼워 절로 신이 납니다.

바람도 산들산들 부니 나귀는 어찌나 기분이 좋은지 저절로 콧노래가 다 나오려고 합니다.

오늘은 웬일인지 주인도 나귀를 귀찮게 하지 않습니다. 주인도 기분이 좋은 걸까요? 아니면 나귀의 기분을 아는 걸까요? 전처럼 빨리 가라고 하지도 않고, 회초리로 엉덩이를 때리지도 않습니다. 나귀가 어정어정 걸어가면 하인처럼 쭐레쭐레 뒤따라오기만 합니다.

나귀는 천천히 사람들이 다니는 큰길로 나왔습니다. 그런데 이상한 일이 벌어졌습니다. 지나가던 사람들이 나귀를 향해 공손하게 절을 하는 것입니다.

'어, 이상하네? 왜 나를 보고 절을 하지?'

나귀는 눈을 크게 뜨고 사람들을 살펴보았습니다.

'에이, 아닐 거야. 설마 사람들이 나귀에게 절을 하겠어?'

그런데 아무리 봐도 이상했습니다. 아무리 이쪽저쪽을 살펴봐도 사람들이 절을 하는 것은 바로 나귀, 자신를 향해서였습니다. 만나는 사람마다 아주 공손한 태도로 고개를 숙이곤 했습니다.

'분명해! 저 사람들은 지금 나에게 절을 하고 있는 거야. 허허, 거참 신기하네! 저 건방지고 못된 사람들이 모두 나에게 고개를 숙이고 있어. 내가 지나갈 때까지 얼굴도 들지 못한다니까!'

사람들이 자신을 떠받들어 준다는 것이 믿어지지는 않았지만, 어쨌든 나귀는 기분이 좋았습니다. 아니 점점 우쭐해졌습니다. 마치 세상이 달라진 것 같았습니다. 자기가 정말 위대한 존재가 된 것 같았습니다.

'하하! 날마다 힘들게 짐만 날랐더니, 드디어 하느님께서 내게 복을 내리셨나 봐.'

기분이 좋아진 나귀는 씰룩씰룩 엉덩이를 흔들며 걸었습니다. 그러다 다리가 아파 그늘에서 잠시 걸음을 멈추었습니다.

그 때 길가에 있던 집에서 한 무리의 사람들이 몰려나왔습니다. 사람들은 나귀를 향해 뛰어오더니 절을 하며 향을 피웠습니다. 그리고는 찬송가를 부르기 시작했습니다.

'저게 바로 향인가 봐. 오, 향기 한번 끝내주네. 세상이 이제야 내가 위대하다는 것을 알아주는 거야. 이제 고생은 끝이라고.'

나귀는 코를 벌름거리며 활짝 웃었습니다. 하지만 슬며시 걱정도 되었습니다.

'그런데 참 이상해. 사람들이 왜 이렇게 나를 떠받들까? 혹시 날 잡아가려고 속임수를 쓰는 게 아닐까? 에이, 설마……. 혹시 나도 모르는 사이에 내가 임금이라도 된 게 아닐까? 그래, 맞아! 내가 높은 자리에 올라간 게 틀림없어.'

　그렇게 중얼거린 나귀는 힘을 내어 다시 걸음을 걷기 시작했습니다. 이번에는 고개를 치켜들고 뽐내듯 거들먹거리며 걸었습니다.
　'당당하게 걷는 거야! 이제 난 평범한 나귀가 아니니까!'
　나귀는 정말 행복했습니다. 이 세상에 부러울 게 아무것도 없었습니다. 지나가던 사람들은 여전히 나귀를 향해 손을 모으고 공손히 절을 했습니다.
　사람들은 나귀가 지나갈 때면 양쪽으로 멈춰 서서 움직이지도 않았습니다. 아이들은 손을 흔들며 좋아했습니다. 길을 갈수록 나귀의 발걸음은 더욱 거들먹거렸고 행동은 더욱 거만해졌습니다.
　그 때였습니다. 지금까지 아무 말 없이 마치 하인처럼 따라오기만 하던 주인이 나귀에게 다가와 입을 귀에다 대고 가만히 말했습니다.

거만스러운 나귀

"야, 이 멍텅구리 같은 놈아! 대체 왜 이렇게 거들먹거리는 거냐? 혹시 저 사람들이 지금 네 놈을 보고 절을 한다고 생각하는 거냐?"

나귀는 주인의 말이 맞는다는 듯 큰 소리로 '히잉' 하고 한 번 울었습니다.

"야, 이 어리석은 놈아! 저 사람들이 절을 하는 건 네 등에 예수님의 기념품이 실렸기 때문이야. 기념품을 보고 인사를 하는 거란 말이다, 이 멍청한 놈아! 되지 못한 거만 그만 떨고 얌전히 걸어. 이 바보 천치야!"

주인은 한심하다는 듯이 나귀의 엉덩이를 발로 퍽 찼습니다. 나귀는 눈물이 나도록 아팠지만 꾹 참고 열심히 길을 걸었습니다.

뽐내는 것과 거만한 것은 객기 아닌 것이 없으니, 이 객기를 물리친 뒤에야 바른 기운이 자랄 수 있다.

　욕망과 사사로운 탐닉은 모두가 다 망상에 속하는 것이니, 이런 마음을 물리친 뒤에야 진심이 나타나게 된다.

矜高倨傲 無非客氣 降伏得客氣下 而後正氣伸
긍고거오 무비객기 항복득객기하 이후정기신

情欲意識 盡屬妄心 消殺得妄心盡 而後眞心現
정욕의식 진속망심 소살득망심진 이후진심현

채근담 전집 25

한자 익히기

【矜】 자랑할 긍　　【倨】 거만할 거　　【降】 항복할 항
【得】 얻을 득　　　【伸】 펼 신　　　【意】 뜻 의
【盡】 다할 진　　　【消】 사라질 소　　【眞】 참 진
【現】 나타날 현　　【客氣(객기)】 지나치게 흥분하거나 과장된 행동

채근담 13

기다리는 지혜

옛날 옛적에 변장자라는 힘세고 용감한 사람이 살고 있었습니다.
변장자가 살고 있는 마을에는 호랑이들이 곧잘 나타나곤 했습니다. 그래서 날이 어두워지면 사람들은 무서움에 떨곤 했습니다. 밤이 깊어지면 혼자서는 밖에도 나가지 못했습니다. 산을 넘을 때는 꼭 서너 명이 모였다가 같이 가곤 했습니다. 산길을 가던 동네 사람들이 호랑이에게 당한 적이 한두 번이 아니었으니까요.
사람들은 그래서 힘이 센 변장자를 만나기만 하면 이렇게 말하곤 했습니다.
"이 사람아, 힘만 장사면 뭐하나? 호랑이 한 마리 못 잡으면서."

그러면 변장자는 웃으면서 이렇게 장담했습니다.

"두고 보세요! 내 이 두 손으로 반드시 호랑이를 잡고 말 테니!"

"예끼, 이 사람아. 자네는 어째 늘 말만 앞세우는가!"

"그러게 말이야. 큰소리만 치지 말고 어디 한 번 호랑이를 잡아 와 보라고!"

변장자는 호랑이가 나타나기만을 기다렸습니다. 눈에 띄기만 하면 이번에는 놓치지 않고 꼭 잡겠다고 별렀습니다. 그래서 마을 사람들에게 보란 듯이 큰소리를 치겠다고 다짐했습니다.

그러던 어느 날, 변장자는 이웃집 할머니로부터 호랑이 두 마리가 산에 나타났다는 이야기를 들었습니다.

"할머니, 그게 정말이에요?"

"그럼, 아랫마을 사는 황 노인이 장에 갔다 오다 봤다잖여."

"어디래요?"

"조기, 조 위. 고개 너머 소나무 많은 곳이래."

변장자는 얼른 칼을 들고 산으로 달려갔습니다.

호랑이를 잡을 생각을 하니 가슴이 벌렁벌렁 뛰었습니다. 발에 날개라도 단 것 같았습니다. 그는 한달음에 고개 너머까지 달려갔습니다.

소나무숲 커다란 바위 뒤에 정말 호랑이 두 마리가 있었습니다.

변장자는 칼을 들고 다짜고짜 호랑이에게 달려들려고 뛰어나갔습니다.

그 때 누군가가 어깨를 잡았습니다. 변장자는 기분이 상해 휙 돌아보았습니다. 처음 보는 청년이었습니다.

"누구시오?"

"호랑이를 잡으려고 온 이웃마을 청년입니다."

"그런데 왜 나를 방해하는 것이오?"

청년이 호랑이가 있는 곳을 가리키며 조용히 말했습니다.

"노여워 마십시오. 너무 조급하게 서두르는 것 같아 잡았습니다. 저것 보세요. 두 마리 호랑이 옆에 소가 한 마리 있지 않습니까?"

변장자는 그제야 호랑이가 있는 곳을 잘 살펴보았습니다. 정말 호랑이 옆에 소 한 마리가 쓰러져 있었습니다.

"호랑이들은 지금 저 소를 놓고 으르렁거리고 있습니다. 서로 차지하려는 것이지요. 곧 싸움이 벌어질 것입니다. 인정사정 보지 않

고 싸우겠지요. 그렇게 되면 한 마리는 물려 죽을 것입니다. 살아남은 호랑이도 상처투성이가 될 것이고요. 지금보다는 그 때를 기다렸다가 호랑이를 잡는 것이 쉽지 않겠습니까?"

듣고 보니 청년의 말이 옳은 것 같았습니다. 변장자는 청년과 함께 나무 뒤에 숨어서 호랑이들을 지켜보았습니다.

과연 조금 있으니 호랑이 두 마리가 서로 물어뜯으며 맹렬히 싸우기 시작하였습니다. 엎치락뒤치락 한참을 서로 뒹굴었습니다.

그렇게 한참을 싸운 끝에 한 마리가 털썩 쓰러졌습니다. 숨이 끊어져 버린 듯싶었습니다. 다른 한 마리도 상처투성이가 되어 헐떡거렸습니다.

"자, 바로 지금입니다."

옆에 있던 청년이 소리쳤습니다.

변장자는 칼을 들고 진을 뺀 채 엎어져 있는 호랑이에게 달려갔습니다. 기운이 빠진 호랑이는 씩씩 거센 신음 소리만 낼 뿐 덤벼들지 못했습니다. 호랑이는 변장자의 칼을 맞고 그대로 쓰러졌습니다.

변장자는 이렇게 해서 상처 입은 호랑이를 힘들이지 않고 죽일 수 있었습니다.

"고맙소, 청년. 자네 덕분에 힘들이지 않고 호랑이를 두 마리 모두 잡았네."

변장자가 청년에게 말했습니다.

"자, 사이좋게 한 마리씩 나누어 갖도록 하세."

변장자는 의기양양하게 호랑이 한 마리를 어깨에 메고 마을로 돌아왔습니다.

청년의 충고를 듣고 때를 기다린 덕에 변장자는 힘들이지 않고 호랑이를 잡을 수 있었던 것입니다.

성격이 불 같은 사람은 타는 불과 같아서 만나는 것마다 태워 버린다. 은혜가 적은 사람은 얼음처럼 차가워 만나는 물건마다 반드시 죽여 버린다.

마음이 막혀 고집이 센 사람은 마치 죽은 물이나 썩은 나무와 같아 생기가 끊어진다. 모두가 공과 업적을 세워도 그 복을 길게 이어가기 어려운 경우이다.

燥性者火熾 遇物則焚 寡恩者氷淸 逢物必殺
조성자화치 우물즉분 과은자빙청 봉물필살

凝滯固執者 如死水腐木 生機已絶 俱難建功業而延福祉
응체고집자 여사수부목 생기이절 구난건공업이연복지

채근담 전집 69

한자 익히기

【燥】 마를 조　　【熾】 성할 치　　【焚】 불사를 분
【氷】 얼음 빙　　【逢】 만날 봉　　【凝】 엉길 응
【滯】 막힐 체　　【腐】 썩을 부　　【俱】 함께 구
【延】 늘일 연　　【生機(생기)】 살려내는 오묘한 기틀

기다리는 지혜　87

채근담
14

지휘자가 된 첼리스트

1908년 11월 16일, 미국 뉴욕의 메트로폴리탄 오페라하우스에서 유명한 오페라 작품이 공연되었습니다. 작품은 베르디의 「아이다」였습니다. 무대에는 이탈리아의 전설적인 지휘자 아르투로 토스카니니가 섰습니다.

공연장은 사람들로 가득 찼습니다. 이 날은 토스카니니가 미국에서 처음 공연하는 무대라 그런지 사람들이 더욱 많았습니다. 3,000명도 넘었으니까요. 미국 기자들도 많이 찾아왔습니다. 기자들이 토스카니니를 보고 물었습니다.

"사람들이 선생님을 보고 걸어다니는 악보 도서관이라고 한다는

데, 아십니까?"

"네, 들었습니다."

토스카니니가 대답했습니다.

"어쩌면 그렇게 악보를 잘 외우십니까?"

"아무리 긴 악보라도 세 번만 연주하면 완전히 외운다고 하던데, 혹시 특별한 비결이라도 있습니까?"

"무려 160곡이나 악보를 안 보고 지휘할 수 있다고 들었는데, 그게 정말입니까?"

기자들의 질문에 토스카니니는 빙그레 웃기만 했습니다. 기자들은 앞다투어 토스카니니에 관한 기사를 썼습니다.

'160곡이나 악보 없이 지휘하는 걸어다니는 악보 도서관, 토스카니니!'

'작곡가들보다 더 곡을 잘 외우는 지휘자, 토스카니니!'

'뛰어난 암기력의 소유자, 토스카니니!'

토스카니니는 자기 자신에 대한 기사를 보고도 아무 말이 없었습니다.

사실 토스카니니가 악보를 잘 외우게 된 데는 그럴 만한 사정이 있습니다.

토스카니니는 처음에는 첼리스트였습니다. 그는 아홉 살이 되던 해, 파르마 음악원에 입학해서 첼로와 작곡을 공부했습니다. 그래서 한때는 첼리스트로 많은 사람들의 사랑을 받기도 했습니다.

그런데 관현악단에 속해 전 세계를 돌며 공연을 하던 토스카니니에게 어느 날 갑자기 이상한 일이 생겼습니다. 시력이 나빠져 물건들이 점점 희미하게 보이기 시작한 것입니다. 보통 일이 아니었습니다. 눈이 나쁘면 악보를 제대로 볼 수 없고, 악보를 보지 못하면 첼로를 연주할 수 없으니까요.

"왜 이러지? 어떻게 된 거지? 눈이, 눈이 잘 안 보여!"

토스카니니는 점점 마음이 초조해지기 시작했습니다. 연주회가 한 달밖에 남지 않았는데 정말 큰일이었습니다. 그렇다고 이제 와서 포기할 수는 없었습니다. 토스카니니는 두 눈을 크게 뜨고 악보를 뚫어지게 바라보았습니다.

'여기서 포기할 수 없어. 그래, 악보를 외우는 거야.'

토스카니니는 악보를 전부 외우기로 마음먹었습니다.

그 날부터 잠도 자지 않고 밥도 제대로 먹지 않으며 하루 종일 악보를 외웠습니다. 쉼표 하나까지 빠짐없이 외웠습니다.

드디어 연주회날이 되었습니다. 토스카니니는 첼로를 들고 연주회장으로 갔습니다. 그런데 웬일인지 단원들이 여기저기 모여서 웅성거리고 있었습니다.

"왜들 그래요? 무슨 일 있어요?"

토스카니니가 물었습니다.

"지휘자가 갑자기 쓰러졌어요. 병원 응급실에 실려 갔대요. 어쩌죠?"

"그러게 말이에요. 지휘자가 있어야 연주를 할 텐데……. 정말 걱정이에요."

단원들은 우왕좌왕하며 어쩔 줄을 몰랐습니다.

"곧 있으면 관객들이 들어올 텐데, 어쩌면 좋죠?"

"그동안 얼마나 힘들게 연습했는데……. 모든 것이 물거품이 되어 버리게 생겼어요. 어떻게 해요?"

그 때 누군가 물었습니다.

"혹시 여기 있는 사람들 중에 우리가 연주할 곡을 전부 다 외우고 있는 사람이 있나요?"

토스카니니는 저도 모르게 손을 번쩍 들었습니다.

단원들이 깜짝 놀라며 토스카니니를 바라보았습니다.

"정말이에요? 그 많은 걸 정말 다 외웠단 말이에요?"

"됐어요. 토스카니니가 지휘를 하면 되겠어요. 첼로 연주자는 다른 사람에게 맡기도록 하고요."

토스카니니는 가슴이 떨렸지만 큰 소리로 대답했습니다.

"알겠습니다."

드디어 공연 시간이 되었습니다. 아무것도 모르는 관객들이 하나, 둘 연주회장으로 들어왔습니다. 관객들의 표정은 아주 밝았습니다.

"이번 공연은 아주 좋을 것 같아요. 그렇죠?"

"그래요. 근사할 거예요."

공연을 알리는 종소리가 울렸습니다.

토스카니니는 지휘봉을 들었습니다. 가슴이 콩닥콩닥 떨렸습니다. 하지만 토스카니니는 배에 힘을 주고 심호흡을 했습니다. 토스카니니는 지휘대에 올라서자마자 악보를 덮었습니다. 그리고는 연주가 끝날 때까지 단 한 번도 악보를 펼치지 않고 지휘를 했습니다.

공연이 끝나자 관객들은 모두 자리에서 일어나 박수를 보냈습니다.

"훌륭해! 정말 대단한 공연이었어!"

"악보도 보지 않는 저 괴물 같은 신인이 대체 누구죠?"

"토스카니니랍니다!"

"오, 토스카니니!"

관객들의 반응은 열광적이었습니다. 공연은 대성공이었습니다.

그 뒤, 토스카니니는 첼리스트보다 지휘자로 더 많은 활동을 하게 되었답니다.

뜻하지 않은 역경과 곤궁은 호걸을 단련시키는 하나의 용광로요, 망치이다. 능히 그 단련을 견뎌내면 몸과 마음이 모두 유익할 것이요, 그 단련을 견뎌내지 못하면 몸과 마음이 모두 손상을 입을 것이다.

横逆困窮 是煆煉豪傑的一副鑪錘
횡역곤궁 시하련호걸적일부로추

能受其煆煉 則身心交益 不受其煆煉 則身心交損
능수기하련 즉신심교익 불수기하련 즉신심교손

채근담 전집 127

한자 익히기

【橫】 가로 횡　　【困】 곤할 곤　　【鑪】 화로 로
【煆】 데울 하　　【煉】 달굴 련　　【傑】 뛰어날 걸
【交】 사귈 교　　【益】 더할 익　　【損】 덜 손
【鑪錘】(노추) 용광로와 망치, 쇠를 녹이고 단련하는 공구
【身心】(신심) 몸과 마음

채근담 15

뒤러의 '기도하는 손'

알프레드 뒤러는 독일의 유명한 화가이자 조각가입니다.

알프레드 뒤러가 그림 공부를 계속할 수 있었던 것은 친구 덕분입니다.

어린 시절 뒤러는 무척 가난했습니다. 어릴 때부터 그림을 좋아해 화가가 되고 싶었지만 마음뿐이었습니다. 미술 학교에 학비를 낼 형편이 아니었을 뿐 아니라, 그림을 그리는 데 필요한 것들을 구하기도 어려웠습니다. 종이, 물감, 팔레트 등 비싼 재료들을 사야 하는데 가난한 탓에 살 수 없었기 때문입니다.

뒤러에게는 친구가 한 명 있었습니다. 그 친구 역시 뒤러처럼 그림을 좋아해 화가가 되는 것이 꿈이었습니다. 그러나 그 친구 또한 아주 가난했습니다.

'어떻게 하면 그림 공부를 계속할 수 있을까?'

고민하던 뒤러는 친구를 찾아갔습니다. 뒤러와 처지가 같았던 친구는 뒤러의 속마음을 금방 알아차렸습니다.

"자네, 그림 공부를 계속하고 싶지?"

뒤러는 말없이 고개만 끄덕였습니다. 그러자 친구가 말했습니다.

"나나 자네나 그림 공부를 계속해 화가가 되고 싶지만, 그건 그리 쉬운 일이 아닌 것 같아. 그림 공부를 하려면 돈이 많이 필요해. 시간도 많이 걸리고. 그래서 생각해 봤는데……."

"좋은 방법이라도 있나?"

뒤러가 묻자 친구는 어렵사리 말을 꺼냈습니다.

"우리 두 사람 모두 공부를 계속할 수는 없으니까 한 사람씩 교대로 공부를 하면 어떨까? 우선 한 사람이 일자리를 구해 돈을 버는 거야. 그 돈으로 우리 둘 중 한 사람이 먼저 공부를 할 수 있게 하는 거지. 그리고 공부를 마치면 일을 해서 뒷바라지해 준 친구가 공부할 수 있게 돕는 거야."

뒤러는 곰곰이 친구의 말을 생각해 보았습니다.

"그래! 그러면 되겠다. 좋은 생각이야. 그런데 누가 먼저 공부를 하지?"

친구가 웃으면서 말했습니다.

"자네가 먼저 학교에 가서 열심히 공부해. 그러면 난 식당일을 하면서 돈을 벌게. 대신 자네가 공부를 마치고 나서 나를 도와 주면 되잖아. 그렇게 하면 우리 둘 다 공부를 할 수 있지 않겠나?"

뒤러와 친구는 그것 참 좋은 생각이라고 마음을 모았습니다. 그래서 곧바로 행동에 옮기기로 하였습니다.

뒤러의 친구는 식당에서 열심히 일을 해서 매월 꼬박꼬박 뒤러에게 학비를 보냈습니다. 뒤러는 이런 친구의 도움으로 미술 학교를 무사히 다닐 수 있었습니다.

어느덧 시간이 흘러 졸업할 때가 되었습니다. 뒤러는 졸업식 날만 손꼽아 기다렸습니다. 졸업식이 끝나면 자신의 학비를 벌기 위해 그 동안 고생한 친구를 찾아갈 생각이었습니다. 이제부터 자기가 그림을 그리며 돈을 벌어 친구의 뒷바라지를 할 생각이었습니다.

드디어 졸업식 날이 되었습니다. 뒤러는 친구가 일하던 식당으로 찾아갔습니다. 그런데 친구는 그 곳에 없었습니다. 살던 집에도 찾아가 보았지만 이미 이사를 간 뒤였습니다. 여기저기 물어보아도 친구가 간 곳을 아는 사람은 아무도 없었습니다. 뒤러는 며칠째 친구를 찾아 헤맸습니다. 하지만 좀처럼 친구를 찾을 수 없었습니다.

옛날 친구 집을 찾아갔다가 허탕을 친 뒤러는 너무나 서글퍼 동네에 있는 교회를 찾아갔습니다. 제발 친구를 찾게 해 달라고 하나님께 기도라도 할 생각이었습니다. 그런데 이미 그 곳에서 한 사람이 기도를 올리고 있었습니다. 어디선가 많이 듣던 목소리였습니다.

"하나님 아버지, 제 친구 뒤러가 열심히 공부해서 훌륭한 화가가 되게 해 주세요. 훌륭한 그림을 많이 그릴 수 있게 보살펴 주세요. 하나님, 저는 어차피 그림을 그릴 수 없게 되었답니다. 식당일을 많이 해서 손이 뒤틀리고 근육도 무뎌졌거든요. 게다가 전 재능도 없습니다. 저는 열심히 일을 해서 뒤러의 뒷바라지를 하겠습니다. 그러니 제 몫까지 뒤러가 성공할 수 있도록 도와 주세요. 하나님!"

뒤러는 깜짝 놀라 그 청년을 바라보았습니다. 그 청년이 바로 그가 그토록 애타게 찾던 친구였습니다.

친구의 기도를 들은 뒤러는 아무 말도 할 수 없었습니다. 학비를 대기 위해 손이 망가지도록 일을 한 친구를 생각하자 가슴이 무척 아팠습니다. 걱정을 할까 봐 자신 앞에 나서지도 못했던 친구를 생각하자 하염없이 눈물이 솟구쳤습니다. 뒤러는 친구에게 다가가 친구의 손을 꼭 잡았습니다. 그리고는 찬찬히 바라보았습니다.

"미안하네! 정말 미안해!"

어두운 교회 안에서 바라본 친구의 손은 이 세상의 그 어떤 손보다도 아름답고 고왔습니다.

"잠깐만 기다리게."

뒤러는 얼른 주머니에서 연필을 꺼내 친구의 기도하는 손을 스케치하기 시작했습니다.

그 날, 기도하는 친구의 손을 영원히 기억하기 위해 서둘러 스케치한 것이 바로 뒤러의 유명한 그림 '기도하는 손' 입니다.

일이 뜻대로 되지 않음을 근심하지 말며,

마음에 유쾌함을 기뻐하지 말라.

오랫동안의 편안함을 믿지 말며,

처음의 어려움을 꺼리지 말라.

母憂拂意 母喜快心 母恃久安 母憚初難

무우불의 무희쾌심 무시구안 무탄초난

채근담 전집 202

한자 익히기

【母】말 무　　【憂】근심 우　　【喜】기쁠 희

【恃】믿을 시　　【憚】꺼릴 탄　　【初】처음 초

【難】어려울 난　　【初難(초난)】처음 시작할 때의 어려움

【拂意(불의)】자신의 뜻을 흔들어 어떤 일을 성취시키지 못하는 것

채근담 16

바보 한스

　아주 먼 시골에 오래된 성이 한 채 있었습니다. 그 곳에 사는 영주에게는 아들이 셋 있었습니다. 첫째와 둘째 아들은 똑똑해서 하나를 가르치면 열을 알았습니다. 하지만 어찌 된 일인지 셋째 아들은 똑똑하지도 않고, 재주도 없고, 행동도 느렸습니다.
　그래서 영주는 아예 막내 아들은 자식이라고 생각하지도 않았습니다. 형들도 동생을 무시해 이름 대신 그냥 '바보 한스'라고 불렀습니다.
　그러던 어느 날 마을에 소문이 돌았습니다.
　"말을 재미있게 할 줄 아는 사람을 찾는대."

"누가?"

"임금님이! 그리고 그 사람을 공주와 결혼시킨대."

"정말? 그럼 당장 궁궐로 가야지!"

첫째와 둘째 아들은 당장 공주를 찾아가기로 마음먹었습니다. 그래서 아버지를 찾아가 궁으로 가겠다고 말했습니다. 아버지는 백과사전과 신문을 줄줄 외우는 첫째에게는 까만 말을, 계산을 잘하는 둘째에게는 하얀 말을 주었습니다.

두 아들은 공주님 앞에 가서도 말이 술술 잘 나올 수 있도록 입가에 침을 쓱 발랐습니다.

첫째와 둘째가 막 떠나려고 할 때 바보 한스가 달려왔습니다.

"나들이옷을 입고 어딜 가는 거야?"

첫째와 둘째는 바보 한스의 말에 시큰둥하게 대답했습니다.

"공주님과 결혼하려고 궁궐에 간다."

그 말을 들은 바보 한스는 발을 동동 굴렀습니다.

"이런, 난 몰랐네. 나도 갈래. 같이 가."

하지만 형들은 자기들끼리 떠나 버렸습니다. 바보 한스는 울면서 아버지에게 달려갔습니다.

"아버지, 저에게도 말을 주세요. 저도 갈래요."

바보 한스는 아버지에게 말을 달라고 졸랐습니다.

"가지 마! 너 같은 바보 녀석은 자격도 없어! 너 같은 놈에게 줄 말도 없고!"

아버지가 화를 내건 말건 바보 한스는 우리에서 염소를 한 마리 꺼냈습니다. 그리고는 염소 등에 올라탔습니다.

"자, 가자!"

바보 한스는 발꿈치로 염소 옆구리를 힘차게 걷어찼습니다. 한참을 가자 저 멀리 형들의 모습이 보이기 시작했습니다. 바보 한스는 형들을 소리쳐 불렀습니다.

"형, 형, 형!"

형들이 멈춰 섰습니다. 바보 한스는 얼른 형들 옆으로 달려갔습니다. 그리고는 오다가 길에서 주운 죽은 까마귀를 보여 주었습니다.

"그걸로 뭘 하려고?"

"공주님에게 줄 거야."

"바보! 맘대로 하렴."

바보 한스와 같이 있는 것이 창피한지 형들은 더 빨리 말을 달렸습니다. 형들과 바보 한스 사이는 또 멀어졌습니다. 하지만 바보 한스는 염소를 부추겨 간신히 형들을 따라잡았습니다.

"이것 좀 봐! 굉장한 보물을 찾았어."

"이건 낡은 나막신이잖아!"

"바보, 이게 보물이니?"

형들은 바보 한스를 비웃고는 급히 말을 타고 사라졌습니다. 바보 한스는 다시 염소를 달려 형들을 따라잡았습니다. 그리고는 소리쳤습니다.

"이번엔 정말 신기한 것을 찾았어."

"에이, 진흙이잖아."

형들은 바보 한스가 주머니에서 꺼낸 것을 보고는 '쳇' 하고 코웃음만 쳤습니다.

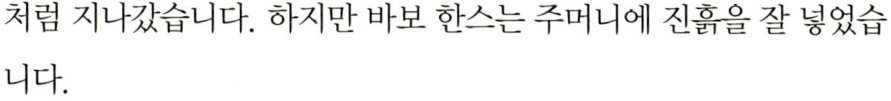

형들은 쏜살같이 말을 달려 한스 앞을 바람처럼 지나갔습니다. 하지만 바보 한스는 주머니에 진흙을 잘 넣었습니다.

성 안은 공주를 만나러 온 사람들로 북적거렸습니다. 형들과 바보 한스는 줄을 서서 기다렸습니다.

드디어 백과사전과 신문을 줄줄 외우는 큰형 차례가 되었습니다. 하지만 큰형은 줄을 서 있는 사이 외운 것을 모두 잊어버리고 말았습니다. 형은 공주의 방으로 들어가 바보처럼 엉뚱한 말만 했습니다.

"저, 방 안이 너무 덥네요."

"아버님이 수탉을 굽고 계시거든요."

무슨 말이든 해야 하는데 입에서 나오지가 않아 큰형은 자꾸 더듬거렸습니다.

"저, 저……."

"안 되겠어요. 나가세요!"

공주가 답답하다는 듯이 잘라 말했습니다.

이번에는 작은형이 공주의 방으로 들어갔습니다.
"휴, 방 안이 너무 덥군요."
그러자 공주가 말했습니다.
"수탉을 굽고 있거든요."
"네? 뭘 한다고요?"
너무 긴장을 한 나머지 작은형은 공주의 말을 제대로 알아듣지 못

했습니다.

"네, 뭐라고 하셨죠?"

이번에도 공주는 딱 잘라 말했습니다.

"안 되겠어요. 나가세요!"

바보 한스는 염소를 타고 공주의 방으로 들어갔습니다. 공주를 보자 손을 흔들며 말했습니다.

"참 덥네요!"

"수탉을 굽고 있거든요."

"그래요? 그럼 제 까마귀도 구울 수 있을까요?"

바보 한스는 주머니에서 길에서 주운 죽은 까마귀를 꺼내며 말했습니다.

"이걸 어디다 굽죠?"

공주가 어림없다는 듯 말했습니다. 그러자 바보 한스는 다른 쪽 주머니에서 얼른 낡은 나막신을 꺼냈습니다.

"여기다 넣어서 굽죠."

공주는 바보 한스가 제법 똑똑하다고 생각했지만 시치미를 떼고 물었습니다.

"그럼 소스는 어디서 구하죠?"

바보 한스는 얼른 주머니에서 진흙을 꺼내며 말했습니다.

"그럴 줄 알고 제가 소스를 준비했지요. 아주 많이……."

그러자 공주는 살며시 웃었습니다. 그러더니 바보 한스를 보고 말했습니다.

"좋아요. 당신은 자기 생각을 말할 줄 아는군요. 당신과 결혼하겠어요."

이렇게 해서 바보 한스는 공주와 결혼해 왕이 되었습니다.

한쪽 말만 들어서 간사한 사람에게 속지 말고, 잘난 체하여 객기를 부리는 사람이 되지 말라.

자신의 장점을 자랑하기 위해 남의 단점을 드러내지 말 것이며, 자기가 서툴다고 하여 남의 재능을 시기하는 자가 되지 말라.

毋偏信而爲奸所欺 毋自任而爲氣所使
무편신이위간소기 무자임이위기소사

毋以己之長而形人之短 毋因己之拙而忌人之能
무이기지장이형인지단 무인기지졸이기인지능

채근담 전집 120

한자 익히기

【偏】 치우칠 편   【信】 믿을 신   【奸】 간사할 간
【欺】 속일 기   【任】 맡길 임   【使】 하여금 사
【形】 모양 형   【拙】 졸할 졸   【忌】 꺼릴 기
【偏信(편신)】 치우치게 한쪽만 믿음

채근담 17

혼이 난 단 방귀 장수

　옛날 어느 마을에 형제가 부모님을 모시고 살고 있었습니다. 그런데 어느 날 갑자기 마을에 전염병이 돌아 부모님이 한꺼번에 돌아가시고 말았습니다. 느닷없이 일어난 일이라 형제는 어찌해야 좋을지 몰랐습니다.

　다행히 동네 어른들의 도움으로 겨우 부모님을 장사 지내고 왔습니다. 그 날 밤, 형이 동생을 불러 말했습니다.

　"언제까지 나에게 얹혀 살 테냐? 이제부터 따로 나가 살도록 해라."

　"형님, 그게 무슨 말씀이세요? 갑자기 나가라니요?"

　"언제까지 그렇게 어린애처럼 굴 테냐? 꼴도 보기 싫다. 당장 나가거라."

형은 부모님이 물려주신 집과 땅을 모두 다 차지하고 동생을 빈 몸뚱이로 내쫓았습니다.

집에서 쫓겨난 동생은 갈 곳이 없었습니다. 할 수 없이 동네를 돌아다니며 밥을 얻어먹었습니다. 그러자 소식을 들은 형이 쫓아와 화를 내며 말했습니다.

"내가 너 때문에 창피해서 이 동네에서 살 수가 없다. 먼 동네로 떠나거라."

야속하기 짝이 없었지만 동생은 형님 뜻을 따르기로 했습니다.

동생은 터덜터덜 계속 걸어갔습니다.

얼마나 걸었을까, 한참 걷다 보니 오솔길이 나왔습니다. 길가에는 대추나무가 그득했습니다. 거기에는 먹음직스러운 대추가 다닥다닥 달려 있었습니다. 그걸 보자 동생은 입이 딱 벌어졌습니다. 배도 고팠습니다.

'그래, 이걸 따 먹으면 되겠다.'

동생의 마음을 아는지 마침 바람이 불어왔습니다. 대추들이 우수수 떨어졌습니다. 동생은 대추를 허겁지겁 주워 먹었습니다. 얼마나 먹었는지 배가 맹꽁이처럼 부풀어올랐습니다.

어, 그런데 뭔가 이상했습니다. 자꾸 엉덩이가 들썩들썩했습니다. 그리고 방귀가 굼실굼실 나왔습니다.

"뽕, 뿌웅, 뿌우웅."

'어? 그런데 이게 무슨 냄새지?'

대추를 많이 먹어서 그런지 방귀에서 달짝지근한 냄새가 났습니다. 동생은 무릎을 딱 쳤습니다.

"이렇게 냄새가 좋은 방귀를 나 혼자 맡을 순 없어. 그래, 방귀를 파는 거야! 단 방귀를!"

동생은 거리를 돌아다니며 소리쳤습니다.

"단 방귀 사려! 단 방귀 사려!"

"정말 단 방귀냐?"

지나가던 아저씨가 동생을 보고 물었습니다.

"그럼요. 다디단 방귀예요. 내 궁둥이에다 코를 대고 있으면 냄새를 맡을 수 있어요."

아저씨는 동생 궁둥이에다 코를 댔습니다. 그러자 동생은 기다렸다는 듯 '뿌웅!' 하고 방귀를 뀌었습니다. 그 냄새를 맡고 아저씨가 활짝 웃었습니다.

"오, 이렇게 맛좋고 향내 나는 방귀는 처음이야."

아저씨가 얼른 돈을 주었습니다. 그러자 여기저기서 사람들이 몰려왔습니다.

"내게도 방귀를 팔려무나."

"내게도!"

"내게도!"

동생은 신이 나서 자꾸 방귀를 뀌었습니다. 사람들은 자꾸자꾸 돈을 주었고, 동생은 점점 부자가 되었습니다.

동생 이야기를 들은 형은 심술이 잔뜩 났습니다.

"그런 멍청한 녀석이 돈을 벌다니, 말도 안 돼!"

형은 동생을 찾아왔습니다. 동생을 졸라 대추나무가 있는 곳으로 갔습니다. 그런데 대추가 하나도 없었습니다.

형은 이게 어떻게 된 일이냐고 동생에게 꿀밤을 먹였습니다.

"형님, 대추는 내년 가을이나 되어야 열려요."

"야, 이 녀석아! 내년까지 어떻게 기다리냐?"

형은 마음이 급해졌습니다.

'단 방귀를 뀌어야 돈을 벌 텐데……. 단 방귀를 뀌려면 대추를 먹어야 하는데 어쩌지?'

그 때 누군가 와서 형의 귀에 대고 속삭였습니다.

"쉽게 돈 버는 방법을 알려 줄까?"

"정말?"

형은 신이 나서 귀를 쫑긋하고 들었습니다.

"콩을 한 솥 삶아 냉수하고 먹어. 뒤에서 자꾸만 뭐가 나오려고 하거든 지푸라기를 꾸겨서 뭉친 걸로 구멍을 틀어막아. 그런 다음 돌아다니면서 돈을 받고 방귀를 파는 거야."

아하! 형은 사내의 말대로 콩을 한 솥 삶아 밤새도록 먹었습니다. 그리고는 아침이 되자마자 방귀를 팔러 밖으로 나갔습니다.

"단 방귀 사려! 단 방귀 사려!"

사람들이 방귀를 사러 나왔습니다.

"맛있고 달콤한 방귀 주시오!"

"자, 내 궁둥이에 코를 대시오."

사람들이 궁둥이에다 코를 대자 형은 틀어막았던 지푸라기를 뺐습니다.

그런데 이게 어찌 된 일입니까? 쫙! 설사가 나왔습니다. 결국 욕심 많은 형은 화가 난 사람들에게 잔뜩 매만 맞았습니다.

생각이 깊은 사람은 자신뿐 아니라 남에게도 후하여 이르는 곳마다 다 두텁다.

생각이 얕은 사람은 자신뿐 아니라 남에게도 박하여 부딪치는 일마다 척박하다. 그러므로 군자는 평소 좋아하는 것을 너무 짙게 해서도 안 되고, 너무 묽게 해서도 안 된다.

念頭濃者 自待厚 待人亦厚 處處皆濃
염두농자 자대후 대인역후 처처개농

念頭淡者 自待薄 待人亦薄 事事皆淡
염두담자 자대박 대인역박 사사개담

故君子居常嗜好 不可太濃艷 亦不宜太枯寂
고군자거상기호 불가태농염 역불의태고적

채근담 전집 41

한자 익히기

【念】 생각 염　　【濃】 짙을 농　　【厚】 두터울 후
【皆】 다 개　　【薄】 엷을 박　　【淡】 맑을 담
【居】 살 거　　【嗜】 즐길 기　　【宜】 마땅할 의
【寂】 고요할 적

채근담 18

도둑을 감동시킨 현감

후한(後漢)이라는 나라에 진식(陳寔)이라는 사람이 살고 있었습니다.

진식은 똑똑할 뿐 아니라 학문도 뛰어났습니다. 성격도 다정다감하며 온순했습니다. 또한 욕심이 없고 아랫사람들을 사랑해서 주변에서 칭찬이 자자했습니다.

벼슬길에 나가서는 모든 사람들에게 너그럽고 공정했습니다. 백성들을 따뜻한 마음으로 감싸서 모든 이들로부터 존경을 받았습니다.

진식이 태구현(太丘縣)이라는 고을의 현감으로 있을 때의 일입니다.

어느 해, 마을에 큰 흉년이 들었습니다. 그러자 여기저기에서 끼니를 굶는 사람들이 늘어났습니다. 먹을 것이 부족해서 그런지 인심들도 사나워져 이웃끼리 서로 싸우기도 했습니다. 도둑들도 예전보다 늘었습니다.

'이 어려움을 잘 이겨내야 할 텐데, 걱정이야.'

진식은 걱정이 되어 늦게까지 잠을 이룰 수 없었습니다.

'무슨 좋은 방법이 없을까?'

날마다 밤늦도록 어떻게 하면 흉년을 슬기롭게 이겨낼 수 있을지 연구하고 또 연구했습니다.

그러던 어느 날이었습니다.

진식이 잠깐 밖에 나간 사이 도둑이 그의 방에 들어왔습니다. 도둑은 진식이 자면 도둑질을 할 생각으로 천장 대들보 위로 올라갔습니다. 거기 웅크리고 앉아 도둑질할 기회만 엿보고 있었습니다.

방에 들어온 진식은 대들보 위에서 이상한 소리가 나는 것을 들었습니다. 진식은 슬쩍 대들보를 올려다보았습니다. 거기 웬 남자 하나가 앉아 있었습니다. 하지만 진식은 모른 척하고 하인을 시켜 아들을 불렀습니다.

"여보게, 지금 당장 그 애를 내 방으로 보내게."

"이 밤에 무슨 일이십니까?"

아들이 방으로 들어오자 진식은 갑자기 훈계를 하기 시작했습니다.

"얘야! 처음부터 나쁜 사람은 없단다. 도둑질을 하는 사람도 본래부터 악했던 것이 아니라 자라면서 잠깐 실수를 하기 때문이란다. 한 번, 두 번, 그것이 이어져 잘못된 버릇이 되고, 그것이 습관이 되고, 성격으로 굳어지고……. 그래서 나쁜 사람이 되는 것뿐이란다."

아들은 고개를 끄덕이며 진식의 말을 듣고 있었습니다.

"지금 저기 저 대들보 위에 있는 사람도 처음부터 나쁜 마음을 가지고 태어나지는 않았을 것이다. 자라면서 못된 생각이 깃들어 그리 된 것이지. 그러니 너는 지금부터라도 습관을 잘 들이도록 노력하거라."

대들보 위에 있던 도둑은 진식의 말을 듣고 깜짝 놀랐습니다.

'이크, 내가 여기 있는 것을 다 알고 있었구나!'

도둑은 얼른 대들보 위에서 내려왔습니다. 그리고는 진식 앞에 무릎을 꿇었습니다.

"나리! 죽을죄를 지었습니다. 집에 쌀이 떨어져 제가 잠시 못된 생각을 하였습니다. 다시는 도둑질을 하지 않겠습니다. 이제부터라도 착하게 살려고 노력하겠습니다. 한 번만 용서해 주십시오."

도둑은 이마를 조아리며 용서를 빌었습니다. 진식이 보니 도둑은 진심으로 자신의 잘못을 뉘우치는 것 같았습니다. 얼굴에 후회하는 빛이 가득했습니다. 진식은 가만히 다가가 도둑의 손을 잡았습니다.

"알았네. 앞으로는 힘이 들더라도 나쁜 짓은 하지 말게."

진식은 도둑을 조용히 타일렀습니다. 그리고는 아들에게 가만히 나가 비단 두 필과 쌀 한 자루를 가져오라고 했습니다.

"오늘 일은 없었던 것으로 하세!"

진식은 행여 이 이야기가 밖으로 새어 나갈까 봐 입단속을 시켰습니다. 도둑이 곤란해질까 봐 거듭 말했습니다.
　"내 말 알겠나? 자네나 나, 그리고 여기 내 아들 또한 아무것도 보지 못했네."
　도둑은 다시 한 번 큰절을 올렸습니다.
　"고맙습니다! 정말 고맙습니다! 착하게 살겠습니다."
　도둑은 진식이 준 비단과 쌀자루를 들고 조용히 방을 나갔습니다.

남의 작은 허물을 꾸짖지 말고, 남의 비밀을 들추어 내지 아니하며, 남의 지난날 잘못을 생각지 말라.

이 세 가지를 따르면 덕을 기를 수 있고 해를 멀리할 수 있을 것이다.

不責人小過 不發人陰私 不念人舊惡
불책인소과 불발인음사 불념인구악

三者 可以養德 亦可以遠害
삼자 가이양덕 역가이원해

채근담 전집 105

한자 익히기

【不】 아니 불	【責】 꾸짖을 책	【過】 허물 과
【發】 돌출 발	【陰】 음지 음	【私】 사사로울 사
【念】 생각할 염	【舊】 옛 구	【惡】 악할 악
【養】 기를 양	【遠】 멀 원	

도둑을 감동시킨 현감

채근담
19

장작을 패 주다
혼이 난 소년

독일에서 있었던 일입니다. 루터라는 신학자가 어렸을 때의 일입니다.

어느 추운 겨울날, 하루 종일 루터가 보이지 않았습니다. 저녁때가 되어서야 밖에서 들어오는 루터를 보고 아버지가 소리쳐 불렀습니다.

"아침부터 어디 갔다 오는 거냐? 하라는 일은 다 해 놓은 거야?"

루터는 아무 말도 못하고 고개만 푹 숙였습니다. 그 모습을 보자 아버지는 더욱 화가 났습니다.

"아버지랑 날마다 장작을 패기로 약속을 하지 않았느냐? 그런데 오늘은 왜 장작을 패지 않았느냐? 그동안 어디 가서 뭘 한 거야?"

아버지는 루터가 장작을 패지 않은 것을 알고 있었습니다.

아버지는 약속을 어기는 것을 무척 싫어했습니다. 그래서 루터는 입을 꾹 다물고 아무 말도 할 수 없었습니다.

루터가 대답을 않자 아버지는 화가 더욱 났습니다. 아버지는 당장 밖에 나가 회초리를 가지고 왔습니다. 할아버지의 할아버지 때부터 버릇을 고치는 데 썼던 박달나무로 만든 회초리였습니다.

루터는 그것을 보고 아무 말 없이 종아리를 걷었습니다. 그러자 어머니가 달려와 말렸습니다.

"좀 참으세요. 무슨 사연이 있을 거예요. 잘못하다가 종아리에 흉이라도 지면 어쩌려고 그러세요."

"좋다. 대신 밖에 나가 30분간 서 있거라. 그러면서 무엇을 잘못했는지 곰곰이 생각해 보아라."

아버지는 차마 때릴 수가 없었는지 밖에 나가 서 있으라고 했습니다.

밖은 무척 추웠습니다. 바람이 쌩쌩 불고 눈까지 흩날렸습니다. 하지만 루터는 아무 말도 하지 않고 밖으로 나갔습니다. 점퍼도 입지 않고 나와서 금방 얼굴이 벌겋게 변했습니다. 귀도 꽁꽁 얼고, 발도 시려웠습니다. 루터는 몸이 꽁꽁 언 채 벌벌 떨고 서 있었습니다.

잠시 후, 아버지 모르게 어머니가 살짝 밖으로 나왔습니다.

"루터야, 웬일이니? 어쩌다 아버지 말씀을 안 들었어?"

"그럴 만한 일이 있었어요."
루터가 개미만 한 목소리로 대답했습니다.
"일이라니?"
"사실은 옆집 아이를 도와 줬어요. 그러느라 제 장작을 팰 시간이 없었던 거예요."
어머니는 그게 무슨 소리냐는 듯 눈을 동그랗게 떴습니다. 그제야 루터는 자초지종을 이야기했습니다.
얼마 전, 옆집에 자기 또래 아이가 이사를 왔습니다. 옆집 아이의

엄마는 새엄마였습니다. 그래서인지 아이를 너무 많이 부려먹었습니다. 집안일은 물론, 심부름도 너무 많이 시켰습니다. 하루 종일 패도 다 못 팰 정도로 많은 장작을 패게 하고서는 끝내지 못하면 밥도 주지 않는다고 했습니다.

  오늘 아침, 우연히 그 사실을 알게 된 루터는 하루 종일 옆집 아이를 도와 그 집 장작을 팬 것입니다.

  루터의 이야기를 듣고 난 어머니는 당최 알 수 없다는 듯 고개를 갸웃거렸습니다.

  "그런데 왜 아버지한테는 말씀드리지 않았니? 잘못한 일도 아닌데."

  "잘못을 안 한 것은 아니에요. 아버지와 약속을 어긴 것은 사실이니까요. 어쨌든 저는 아버지가 제게 시킨 일을 하지 못했어요. 제 책임을 다하지 못했으니 벌을 받는 게 당연하죠."

  루터는 고집스럽게 서 있었습니다.

  그 모습을 본 어머니는 루터가 무척 대견스러웠습니다. 그래서 아버지에게 달려가 말했습니다.

"루터에게도 그럴 만한 사정이 있었으니, 이제 그만 용서해 주세요."

하지만 사정 이야기를 다 듣고 나서도 아버지는 꿈쩍도 하지 않았습니다.

"루터가 친구를 도와 준 것은 잘한 일이오. 하지만 벌서는 것을 그만두게 할 수는 없어요. 나는 내 아들이 무엇을 잘못했는지, 잘못했을 때는 어떻게 해야 하는지 아는 사람으로 자랐으면 좋겠어요. 자기 책임을 다하는 사람으로 자랐으면 좋겠다는 말이오. 그러니 마음이 아프더라도 조금만 기다리구려."

아버지는 약속한 30분이 될 때까지 루터에게 들어오라고 하지 않았습니다. 루터도 끝끝내 춥다는 말을 하지 않고 꾹 참고 벌을 섰습니다. 루터가 밖에서 추위와 싸우는 동안 아버지와 어머니도 현관에 서 있었습니다.

그 이후, 루터는 더욱 책임감이 강한 사람이 되었습니다.

남의 잘못은 마땅히 용서해 주어야 한다. 그러나 자신에게 잘못이 있을 때는 용서하지 마라.

자신의 곤란은 마땅히 참아야 한다. 그러나 남의 곤란을 보고 참아서는 안 된다.

人之過誤 宜恕而在己則不可恕
인지과오 의서이재기즉불가서

己之困辱 當忍而在人則不可忍
기지곤욕 당인이재인즉불가인

채근담 전집 168

한자 익히기

{過} 지날 과　　{誤} 그르칠 오　　{宜} 마땅 의
{在} 있을 재　　{恕} 용서할 서　　{己} 몸 기
{忍} 참을 인　　{不} 아니 불
{困辱(곤욕)} 괴로움과 모욕을 당함

도끼로 바늘 만들기

　중국을 가리켜 흔히들 '시의 나라'라고 합니다. 중국을 대표하는 문화 예술 가운데 하나가 바로 시입니다. 그 중에서도 당(唐)나라 때의 시가 특히 유명합니다.

　이백은 당나라 때의 유명한 시인입니다. 시를 무척 잘 써서 시의 신선, 즉 시선(詩仙)이라고 불리던 사람으로 이태백(李太白)이라고 하기도 합니다.

　이백은 무역을 하던 아버지를 따라 어린 시절을 촉(蜀)나라에서 보냈습니다.

　이백은 어렸을 때부터 책을 많이 읽었습니다. 그런가 하면 호기심이 강하고 용감했습니다. 친구들과 어울리는 것을 좋아했으며 검술 훈련도 게을리하지 않았습니다.

　또 한 군데 머물러 있는 것을 싫어하는 성격이라 여기저기 떠돌아다니기를 좋아했습니다. 스물다섯 살 때는 촉나라를 떠나 양쯔 강(揚子江)을 따라서 여러 도시를 떠돌아다니며 세상 구경을 하기도 했으며, 도를 공부하려고 친구들과 전국에 있는 산을 돌아다니기도 했습니다.

　이백이 공부를 하기 위해 상의산(象宜山)에 들어갔을 때의 일입니다.

　산에 들어온 지 한참이나 되었는데도 공부가 잘 되지 않았습니다. 아무리 글을 읽어도 학문은 제자리걸음일 뿐 조금도 나아지는 것 같지 않았습니다. 얼마나 더 공부를 해야 할지도 알 수 없어서 답답하기 짝이 없었습니다. 그래서 이백은 한숨만 푹푹 쉬었습니다.

　'어휴, 답답해! 도대체 언제까지 이렇게 책만 붙들고 있어야 하는 거야?'

　'아무래도 나는 공부랑은 맞지 않나 봐!'

　'더는 못 견디겠어. 에이, 모르겠다! 그만 산을 내려가야겠어!'

　이백은 이쯤에서 공부를 그만두어야겠다고 생각했습니다. 그래서 보따리를 싸들고 산을 내려가기로 마음먹었습니다.

　산을 내려오던 이백은 더워서 세수를 하려고 냇가로 내려갔습니다.

　이백은 거기서 이상한 할머니를 보았습니다.

할머니는 쪼그리고 앉아 도끼를 바위에 갈고 있었습니다. 그 모습이 하도 이상해서 이백이 물었습니다.

"아니, 할머니! 지금 무엇을 하고 계시는 것입니까?"

"바늘을 만드는 중이란다."

할머니의 대답이 하도 어이가 없어서 이백은 큰 소리로 웃었습니다.

"하하, 지금 도끼로 바늘을 만든단 말입니까?"

"그래, 이 녀석아!"

할머니는 이백을 쏘아보며 말했습니다.

"할머니! 지나가던 강아지가 웃겠습니다. 그게 말이나 됩니까? 도끼를 갈아 어느 세월에 바늘을 만든단 말입니까?"

이백이 말도 안 된다는 듯 말했습니다. 그러자 할머니는 이백을 바라보며 한숨을 푹 쉬었습니다.

"어리석은 것! 그러니 공부를 그만두겠다는 생각을 하지."

"네?"

이백은 할머니가 자기 마음을 아는 것이 참 신기했습니다.

"이 미련한 놈아! 이 세상에 이루지 못할 일은 아무것도 없단다. 네가 보기엔 내가 헛일을 하고 있는 것 같지만 꼭 그런 것만은 아니야."

"할머니도 참! 그럼 죽을 때까지 그렇게 도끼만 가실 생각이십니까?"

"망할 놈! 말버릇 한번 고약하구나. 물론 시간이 걸리긴 하겠지. 하지만 중간에 그만두지만 않는다면 언젠가는 도끼가 바늘이 될 날이 올 게야. 미련한 놈! 오래 걸린다고, 힘들다고 포기해 버리면, 결국 아무것도 이루지 못한다

는 것을 왜 몰라?"

할머니의 말씀을 듣고 이백은 크게 뉘우쳤습니다.

힘들다고 공부를 그만두고 산을 내려온 것이 부끄럽기 짝이 없었습니다.

이백은 오던 길을 되돌아 다시 산으로 올라갔습니다. 그 때부터 그는 한눈을 팔지 않고 열심히 글공부를 하였습니다.

이백이 오늘날까지 대시인으로 불리게 된 것은 아마 그 할머니를 만났기 때문일 것입니다.

재앙은 은혜를 입고 있는 가운데 싹트게 된다. 그러므로 만족스러울 때 빨리 머리를 돌려 주위를 살펴보아라.
　또한 실패한 뒤에 오히려 일이 이루어질 수도 있다. 그러므로 일이 뜻대로 되지 않는다고 하여 서둘러 포기하지 마라.

恩裡 由來生害 故快意時 須早回頭
은리 유래생해 고쾌의시 수조회두

敗後 或反成功 故拂心處 莫便放手
패후 혹반성공 고불심처 막편방수

채근담 전집 10

한자 익히기

【恩】 은혜 은　　【裡】 속 리　　【由】 말미암을 유
【害】 재앙 해　　【快】 쾌할 쾌　　【須】 모름지기 수
【回】 돌아올 회　【敗】 패할 패　　【功】 공 공
【莫】 없을 막　　【放】 놓을 방

채근담 21

굶어 죽을지언정

어느 날, 이리 한 마리가 길을 가고 있었습니다.

이리는 지금 막 숲 속에서 나와 배가 무척 고팠습니다. 며칠 동안 사냥을 하려고 했지만 번번이 허탕을 쳤기 때문입니다. 아무것도 먹지 못한 이리는 배를 움켜쥐고 간신히 길을 걸었습니다.

그러다 이리는 길가에서 목장을 지키는 개를 만났습니다. 개는 먹음직스러웠습니다. 토실토실 살이 찌고 털도 반질반질 윤이 흘렀습니다.

'오, 저 살 좀 봐. 포동포동해! 정말 맛있겠는걸.'

이리는 배가 고팠으므로 당장이라도 개에게 덤벼들어 잡아먹고 싶었습니다. 그러나 그것은 마음뿐이었습니다.

사실 이리는 그럴 힘이 없었습니다. 여러 날 굶어서 걸을 기운도 없었으니까요. 오히려 개에게 물려 죽지 않으면 다행일 정도였습니다.

이리는 자신의 처지가 생각할수록 화가 났습니다.

'참 세상은 공평치 못해. 난 배가 고파 죽을 지경인데, 저 녀석은 도대체 뭘 먹어서 저렇게 살이 찐 거야?'

이리는 치미는 화를 누르고 개에게 다가가 공손히 인사를 했습니다.

"안녕하십니까? 잘 지내시는 모양입니다. 정말 보기 좋습니다. 털빛도 눈이 부시도록 아름답고, 얼굴도 아주 좋아 보이십니다."

그러자 목장 개는 이리를 물끄러미 바라보았습니다. 사실 목장 개는 이리가 자기를 잡아먹을까 봐 마음을 놓지 못하고 있었습니다. 그런데 이리가 먼저 공손하게 인사를 하자 안심이 되었습니다. 더구나 자기를 칭찬해 주기까지 하니 조금 우쭐해졌습니다.

"자네는 어째 얼굴이 그런가? 힘든 모양이군."

이리는 개의 말에 마음이 상했지만 꾹 참았습니다.

"아, 네. 뭐, 그렇지요."

"하긴 요즘 숲 속에 먹을 것이 그다지 없다고들 하더군. 그래서인지 다들 날 부러워한다네. 배불리 먹고 따뜻한 잠을 잔다고 말이야. 근데 알고 보면 누워서 떡 먹기처럼 쉬운 일이라네. 자네도 마음만 바꿔 먹으면 얼마든지 나처럼 될 수 있다네."

개가 으스대며 말했습니다.

이리는 공손하게 물었습니다.

"마음먹기에 따라서라니요? 무엇을 마음먹으라는 말입니까?"

"자, 내 말을 잘 듣게. 우선 숲에서 나오게. 매번 먹을 것을 직접 잡아먹기가 어디 그리 쉬운가? 따지고 보면 자네 생활이라는 게 사실 비참하기 짝이 없는 것이지. 아주 간단하다네! 자네가 마음을 고쳐먹고 나를 따라 목장으로 오기만 하면 우리처럼 편히 지낼 수 있다네."

이리는 개의 말에 귀가 솔깃해졌습니다.

"정말입니까? 목장에 가면 내가 할 일이 있습니까?"

"할 일은 무슨 할 일? 그냥 놀고먹기만 하면 된다네. 배불리 먹고 사람들 비위만 조금 맞춰 주면 끝이지. 고분고분 굴면 사람들은 언제나 후하거든. 먹다 남은 뼈나 음식 찌꺼기를 아낌없이 준다네."

이리는 그것 참 잘 되었구나 싶었습니다. 직접 먹이를 잡지 않아도 된다니, 그거야말로 쉬운 일이다 싶었습니다. 일을 하지 않고도 배불리 먹을 수만

있다면 그보다 더 좋은 일이 어디 있겠습니까? 이제 고생은 다 끝난 것 같았습니다.

　너무 기뻐서 이리는 눈물까지 나왔습니다. 이리는 개에게 머리를 조아려 고맙다고 몇 번이고 인사를 했습니다.

　"덕분에 이제부터 살아갈 걱정은 하지 않아도 되겠습니다. 정말 고맙습니다. 이 은혜는 잊지 않겠습니다."

　"고맙기는……. 자, 어서 가세."

　이리는 개를 따라 목장으로 가기로 했습니다. 그런데 이상했습니다. 가면서 보니 개 목에 군데군데 털이 벗겨진 자국이 있었습니다.

개를 따라 목장으로 가던 이리가 물었습니다.
"아니, 목은 왜 그러십니까? 털이 벗겨졌는데, 다치셨습니까?"
그러자 개는 아무렇지도 않다는 듯이 말했습니다.
"다치긴……. 목걸이를 한 자국이라네."
"목걸이 자국이라니요? 그럼 목에 끈을 매고 산단 말입니까?"
"항상 그런 것은 아니라네. 때때로 그런다네. 사람들이 우릴 함부로 돌아다니지 못하도록 하기 위해서 가끔 목걸이를 매 놓거든."
이리는 그 말을 듣자 걸음을 딱 멈췄습니다. 그리고는 개에게 소리쳤습니다.
"이런 정신 나간 개야! 너나 잘 먹고 잘 살아라! 나는 굶어 죽을지언정 너처럼 목에 목걸이를 매고 살 마음은 없다! 잘 있거라, 이 충실하고 어리석은 개야."
말을 끝낸 이리는 쏜살같이 숲 속으로 달아났습니다. 개는 그런 이리의 모습을 정신없이 바라보았습니다.

권세와 이익, 사치와 화려함을 가까이하지 않는 사람은 깨끗하다. 그러나 이를 가까이하면서도 물들지 않는 사람은 더욱 깨끗하다.

　　잔재주와 권모, 술수와 교묘함을 모르는 사람은 고상하다. 하지만 그것을 알면서도 쓰지 않는 사람은 더욱 고상하다.

勢利粉華 不近者爲潔 近之而不染者 爲尤潔
세리분화 불근자위결 근지이불염자 위우결

智械機巧 不知者爲高 知之而不用者 爲尤高
지계기교 부지자위고 지지이불용자 위우고

채근담 전집 4

한자 익히기

- 【勢】 형세 세
- 【粉】 가루 분
- 【爲】 할 위
- 【潔】 깨끗할 결
- 【近】 가까울 근
- 【染】 물들 염
- 【尤】 더욱 우
- 【械】 기계 계
- 【巧】 공교할 교
- 【粉華(분화)】 사치스럽고 호화스러움
- 【勢利(세리)】 권세와 이익
- 【智械機巧(지계기교)】 권모와 술수

채근담 22

인상여와 염파의 우정

전국 시대 조(趙)나라 혜문왕(惠文王) 때의 일입니다.

혜문왕의 신하 목현(繆賢)의 집에 드나드는 사람 가운데 인상여(藺相如)라는 사람이 있었습니다. 그는 진(秦)나라 소양왕(昭襄王)에게 빼앗길 뻔했던 천하의 보물인 화씨의 옥구슬을 되찾아 온 사람입니다. 보물을 원래 모습 그대로 가지고 돌아온 공으로 인상여는 일약 상대부(上大夫)라는 벼슬을 얻었습니다.

화씨의 옥구슬에 대한 이야기는 이렇습니다.

중국 초(楚)나라에 화씨(和氏)라는 사람이 있었습니다. 화씨에게는 다듬지 않은 옥 덩어리가 있었습니다. 화씨는 이 보물을 여왕에게 바쳤습니다. 그러나 옥을 감정하고 난 여왕은 옥이 아니고 돌이라며 화를 냈습니다. 그리고는 왕을 속였다며 화씨의 왼쪽 발꿈치를 잘랐습니다.

뒤를 이어 왕위에 오른 무왕에게 화씨는 다시 그 옥을 바쳤습니다. 하지만 무왕 역시 옥의 가치를 알아보지 못했습니다. 무왕은 사기꾼이라고 욕하면서 화씨의 오른쪽 발꿈치를 잘랐습니다.

세월이 흘러 문왕이 왕위에 오르자 화씨는 옥 덩어리를 가슴에 품고 사흘간이나 피눈물을 흘렸습니다. 그 소식을 들은 문왕이 화씨를 불러 물었습니다.

"도대체 무슨 일이냐? 왜 그렇게 슬퍼하는지 이야기를 해 보거라."

그러자 화씨가 대답했습니다.

"보석 같은 옥(寶玉)을 돌이라 하고, 곧은 선비를 사기꾼이라 하는 것이 슬퍼서 그렇습니다."

문왕이 사람을 시켜 옥 덩어리를 잘 살펴보니 그것은 보석이 틀림없었습니다. 문왕은 옥을 잘 다듬게 했습니다. 그는 천하에서 제일 가는 옥을 얻게 된 것입니다. 문왕은 그 옥을 '화씨의 옥구슬(和氏之璧)'이라고 불렀습니다.

그 뒤, 화씨의 옥구슬은 조(趙)나라 혜문왕의 손에 들어갔습니다. 그런데 이웃에 있는 강대국인 진(秦)나라 소양왕이 화씨의 옥구슬을 갖고 싶어했습니다. 소양왕은 한 가지 꾀를 내어 혜문왕에게 협상을 하자고 말했습니다.

"조건을 제시하겠네. 우리 나라 성을 열다섯 개 줄 테니 화씨의 옥 구슬을 내게 주게. 이만하면 좋은 조건이 아닌가?"

사실 소양왕은 성은 주지 않고 구슬만 차지할 속셈이었습니다.

진나라에 갔던 인상여는 대번에 소양왕의 욕심을 알아챘습니다. 인상여는 소양왕에게 구슬에 흠집이 있는 곳을 알려주겠다며 구슬을 보여 달라고 했습니다. 소양왕이 구슬을 주자 인상여는 구슬을 빼돌려 몰래 자기 나라로 돌려보냈습니다.

그리고 3년 뒤, 소양왕이 혜문왕을 욕보이려고 하자 인상여는 소양왕을 가로막고 나서서 소양왕에게 되레 망신을 톡톡히 주었습니다.

인상여는 그 공으로 벼슬이 더 높아졌습니다.

조나라의 장수였던 염파(廉頗)보다 더 높아진 것입니다. 그러자 염파는 화가 나서 말했습니다.

"세상에 어찌 이럴 수가 있느냐? 나는 여기저기 힘들게 싸움터를 누볐다. 목숨을 걸고 적과 싸웠고, 성을 쳐서 빼앗았다. 수많은 전투에서 적을 무찔러 공을 세웠다. 그런데 입밖에 놀린 것이 없는 인상여 따위가 나보다 윗자리에 앉다니……. 내 어찌 그런 놈 밑에 있을 수 있겠는가? 내 언제든 그놈을 만나면 망신을 주고 말 테다."

이 말을 전해 들은 인상여는 염파를 피했습니다. 병이 났다고 둘러대며 조정에도 나가지 않았습니다. 길을 가다가도 저 멀리 염파가 보이면 옆길로 돌아가곤 했습니다. 이 같은 인상여의 비겁한 행동에 실망한 한 부하가 인상여를 찾아왔습니다.

"저는 대감이 그렇게 비겁한 분인지 미처 몰랐습니다. 이제 더는 대감을 존경할 수가 없습니다. 그러니 대감 곁을 떠나겠습니다. 안녕히 계십시오."

부하가 작별 인사를 하자 인상여는 그를 말렸습니다.

"자네는 염파 장군과 진나라 소양왕 중에서 어느 쪽이 더 무서운가?"

"그야 물론 소양왕이지요."

"나는 소양왕을 두려워하지 않네. 그러기에 많은 신하들 앞에서 소양왕을 혼내 줄 수 있었지. 그런 내가 어찌 염파 장군 따위를 두려워하겠는가? 잘 생각해 보게. 강국인 진나라가 쳐들어오지 않는 것은 염파 장군과 내가 버티고 있기 때문일세. 우리 두 호랑이가 두렵기 때문이라네. 그런데 우리 둘이 싸워야 되겠는가? 두 호랑이가 싸

우면 결국 모두 죽게 되네. 그렇게 되면 진나라만 좋은 일을 시키는 게 아닌가? 그래서 내가 염파 장군을 피하는 거네. 나라의 안위를 생각하는 까닭에 염파 장군을 피하는 거야."

이 말을 전해 들은 염파는 부끄러워 몸둘 바를 몰랐습니다. 염파는 곧 웃통을 벗은 다음 태형(笞刑)에 쓰이는 형장(荊杖)을 짊어지고 인상여를 찾아갔습니다. 염파는 섬돌 아래 무릎을 꿇었습니다.

"대감! 내가 생각이 짧아서 대감의 높은 뜻을 미처 헤아리지 못했구려. 어서 나에게 벌을 주시오."

염파는 진심으로 자신의 잘못을 빌었습니다. 그러자 인상여는 얼른 달려나와 염파의 손을 잡았습니다.

"장군, 이게 무슨 일이오? 내가 오히려 부끄럽소."

그 날부터 염파와 인상여는 둘도 없는 친구가 되었습니다.

누가 먼저인가 다투는 오솔길은 좁다. 한 발 물러서면 저절로 한 걸음만큼 넉넉해진다.

맛있는 음식은 곧 싫증나게 마련이다. 조금만 너그럽게 양보하면 저절로 그만큼 통하게 된다.

爭先的徑路 窄 退後一步 自寬平一步
쟁선적경로 착 퇴후일보 자관평일보
濃艶的滋味 短 淸淡一分 自悠長一분
농염적자미 단 청담일분 자유장일분

채근담 후집 25

한자 익히기

【爭】 다툴 쟁　　【退】 물러날 퇴　　【自】 스스로 자
【寬】 펠 관　　　【滋】 불을 자　　　【味】 맛 미
【短】 짧을 단　　【悠】 멀 유　　　　【徑路(경로)】 좁은 길
【爭先(쟁선)】 먼저 가기를 다툼　　　【寬平(관평)】 넓고 평탄함
【濃艶(농염)】 진하고 좋음　　　　　【悠長(유장)】 길게 오래 감

채근담 23

누가 부자일까?

부자들이 배를 타고 한 달도 넘게 걸리는 긴 항해에 나섰습니다. 일주일쯤 지나자 바다 구경조차 심드렁해진 부자들은 무료함을 달래기 위해 끼리끼리 모여서 이야기를 나눴습니다. 서로 자기가 얼마나 부자인지 자랑하기 시작한 것입니다.

"내가 제일 부자야. 우리 집이 얼마나 큰 줄 알아? 보면 아마 다들 놀라 까무러칠걸."

미국에서 온 부자가 말했습니다.

"아니야, 내가 제일 부자야. 우리 집에는 일하는 노예가 백 명이나 된다고."

인도에서 온 부자도 이에 질세라 소리를 높였습니다.

"허허, 무슨 소리! 내가 제일 부자야! 영국에서 나만큼 돈을 많이 가지고 있는 사람은 없다니까!"

영국에서 온 부자도 지지 않았습니다.

"왜들 그러나? 내가 제일 부자라니까. 나는 아프리카에 다이아몬드 광산을 다섯 개나 가지고 있다네. 그것뿐인 줄 아나? 우리 집 거실엔 보석이 지천으로 깔려 있다고! 하인들도 열 손가락 모두 보석을 끼고 산다네."

프랑스에서 온 부자의 목소리도 만만치 않았습니다.

모두들 앞다투어 자기가 제일 부자라고 서로 자랑을 했습니다. 하도 침을 튀기며 이야기를 하니 누구 말이 진짜인지 알 수가 없었습니다.

그 때, 옆에서 그들의 이야기를 조용히 듣고 있던 노인이 나섰습니다. 낡고 꾀죄죄한 옷에 초라한 보따리 하나를 옆에 낀 조그마한 노인이었습니다.

"당신들은 모두 서로 자기가 제일 부자라고 자랑을 하는군요. 그런데 난 어째 내가 제일 부자라는 생각이 드네요."

그러자 부자들은 노인을 비웃었습니다.

"하하, 당신이 부자라고요? 그 말을 누가 믿겠어요?"

"그러게 말일세. 저 노인이 잠깐 정신이 나간 모양이야!"

부자들은 노인을 가리키며 배꼽을 잡고 웃었습니다.

그 날 밤, 배에 해적들이 쳐들어왔습니다. 해적들은 배에 있던 보물과 돈은 물론 승객들의 짐까지 모두 빼앗아 갔습니다. 부자들 역시 가진 돈과 보석은 물론, 입고 있던 좋은 옷까지 몽땅 빼앗기고 목숨만 겨우 건졌습니다.

다음 날, 배가 항구에 닿았습니다. 빈털터리가 된 부자들과 노인은 배에서 내려 뿔뿔이 흩어졌습니다.

그리고 몇 달이 지난 어느 날이었습니다. 노인이 길을 걸어가고

있는데, 어떤 거지가 다가
와 노인의 소매를 움켜잡았습니다.
노인은 깜짝 놀라 거지를 바라보았습니다. 그 사람은 함께 배를 타고 항해했던 부자들 중의 한 사람이었습니다.
 "아니, 당신은 다이아몬드 광산을 다섯 개가 가지고 있다던 그 부자가 아니오?"
 "저를 알아보시는군요. 맞습니다. 저는 그 때 노인장과 함께 배에 탔던 사람입니다."
 노인은 거지를 다시 찬찬히 살펴보았습니다. 부자는 그 때의 당당하고 자신만만하던 모습은 어디로 다 가고 볼품없이 쪼그라져 있었습니다. 수염은 덥수룩하고, 발도 맨발이었습니다. 노인은 안타까운 마음에 저도 모르게 쯧쯧 혀를 찼습니다.
 "그 때는 노인장이 왜 자신이 제일 부자라고 하는지 이해하지 못했습니다. 하지만 이제야 비로소 알게 되었습니다."
 노인은 거지의 말에 귀를 기울였습니다.
 "제가 참으로 어리석었습니다. 재산이라는 것이 이렇게 보잘것없는 것인 줄 정말 몰랐습니다. 참말 중요한 것은 지혜라는 것을 저는 그동안 까맣게 모르고 살았습니다. 결국 헛되게 살아온 것이지요. 그 때 배에서 저희 부자들은 해적들에게 재산을 모두 털렸습니다. 그래서 우리들은 그 뒤 모두 거지가 되었습니다. 하지만 노인장은……."

노인이 슬며시 거지의 손을 잡았습니다.

거지가 다시 말을 이었습니다.

"거지로 살게 되면서 노인장 소문을 듣게 되었습니다. 항구에 있는 사람들이 많은 사람들에게 지혜를 나누어 주실 뿐 아니라 바른 삶을 살 수 있도록 가르쳐 주신다고 노인장 이야기를 많이 합니다. 죄송합니다. 노인장 말씀이 맞았습니다. 노인장이야말로 진짜 부자이십니다."

"허허, 그것 참!"

할 말이 없어진 노인은 거지의 손만 꼭 잡고 있었습니다.

나무는 뿌리만 남은 뒤에라야 꽃과 잎새가 모두 헛된 영화였음을 알게 되고, 사람은 관뚜껑을 덮은 뒤에라야 자손과 재산이 모두 쓸데없음을 알게 된다.

樹木 至歸根而後 知華萼枝葉之徒榮
수목 지귀근이후 지화악지엽지도영

人事 至蓋棺而後 知子女玉帛之無益
인사 지개관이후 지자녀옥백지무익

채근담 후집 77

한자 익히기

- 【樹】 나무 수
- 【萼】 꽃받침 악
- 【徒】 무리 도
- 【棺】 널 관
- 【帛】 비단 백

- 【歸根(귀근)】 뿌리로 돌아감
- 【華萼(화악)】 꽃과 꽃받침
- 【徒榮(도영)】 부질없고 헛된 영화
- 【蓋棺(개관)】 관의 뚜껑을 덮음
- 【玉帛(옥백)】 옥과 비단, 즉 재물

채근담 24

주운 다이아몬드

옛날 어느 마을에 가난한 사람이 살고 있었습니다. 마음이 착하고 글공부를 열심히 했지만 가난을 벗어나지는 못했습니다. 어찌나 가난한지 나무를 해다 팔아야 겨우 밥을 먹을 수 있는 정도였습니다. 그러면서도 그 사람은 형편이 어려운 마을 아이들을 모아 틈틈이 공부를 가르치고 있었습니다. 그래서 마을 사람들은 그 사람을 선생님이라고 불렀습니다.

나무를 하는 것은 괜찮은데, 그것을 장에까지 가져다 파는 일이 선생님에게는 큰 일이었습니다.

'장터를 오가는 데 시간이 너무 많이 걸려. 힘도 들고……. 장에

만 갔다 오면 힘이 다 빠져 버려 걱정이야. 책을 읽고 아이들을 가르쳐야 하는데 말이야. 무슨 좋은 방법이 없을까?'

고민하던 선생님은 무릎을 탁 쳤습니다.

'그래, 당나귀를 사는 거야!'

선생님은 그 날부터 오랫동안 조금씩 돈을 모았습니다. 돈이 다 모이자 선생님은 상인에게 당나귀 한 마리를 사 왔습니다.

"잘 됐어! 이제야 선생님이 빨리 다니실 수 있게 되었어. 전보다 힘이 덜 드실 거야."

당나귀를 본 제자들은 마치 자신들의 일인 양 기뻐하였습니다. 제자들은 신이 나서 당나귀를 끌고 냇가로 갔습니다. 선생님을 기쁘게 해 주려고 당나귀 목욕을 시키기 시작했습니다. 목욕이 끝나 털을 빗어 줄 때 당나귀의 갈기 속에서 무엇인가가 물 속으로 툭 하고 떨어졌습니다.

"어, 이게 뭐지?"

"정말, 이게 뭘까?"

제자들은 얼른 물 속을 들여다보았습니다. 떨어진 물건은 물 속에서 아름답고 영롱한 빛을 내고 있었습니다. 제자들은 그것을 주워 찬찬히 살펴보았습니다. 그것은 바로 다이아몬드였습니다.

"와! 이제 우리 선생님도 부자가 되셨어!"

"그래, 착하고 부지런하신 선생님께 하늘에서 복을 내리신 거야."

"와, 정말 잘 됐어!"

　　제자들은 소리를 지르며 기뻐했습니다. 그리고는 얼른 선생님께 달려갔습니다.
　　"선생님, 선생님! 어서 나와 보세요!"
　　"왜 이리 호들갑이냐?"
　　선생님이 문을 열고 말했습니다.
　　성미 급한 제자가 신발도 벗지 않고 방으로 뛰어들어갔습니다. 제자는 손에 쥐고 있던 다이아몬드를 보여 주며 말했습니다.
　　"다이아몬드예요. 이제 선생님 고생도 다 끝났어요! 부자가 되셨다고요!"
　　"선생님, 정말 잘 됐어요."
　　제자들이 입을 모아 말했습니다. 그러나 선생님은 웬일인지 다이아몬드를 보고도 조금도 기쁜 표정을 짓지 않았습니다. 오히려 화를 냈습니다.

"그게 왜 내 것이냐? 얼른 그 다이아몬드를 당나귀를 판 상인에게 갖다 주고 오너라!"

제자들은 선생님이 왜 그러는지 몰라 서로 얼굴만 바라보았습니다. 하지만 서로 옆구리만 쿡쿡 찌를 뿐, 먼저 말을 꺼내는 제자는 없었습니다. 그 때 용기 있는 돌이가 앞으로 나섰습니다.

"선생님, 왜 이 다이아몬드를 돌려줘야 하나요? 이 당나귀는 선생님께서 산 것이잖아요. 그러니까 당나귀 몸에 붙어 있는 다이아몬드도 선생님 것이 아닌가요?"

"맞아, 맞아!"

제자들은 돌이의 말이 맞는다는 듯 고개를 끄덕였습니다. 그러자 선생님은 화를 내며 말했습니다.

"이놈들, 내가 너희들을 그동안 잘못 가르친 것 같구나! 물론 난 당나귀를 샀다. 하지만 다이아몬드를 산 적은 없다. 내가 당나귀 값을 계산할 때 갈기에 붙어 있던 다이아몬드 값까지 주었느냐?"

제자들은 아무 말도 하지 못했습니다.

"쓸데없는 것에 욕심을 내는 것을 보니, 그동안 했던 공부가 모두 엉터리인 모양이구나. 다시는 공부하러 오지 말아라."

그제야 제자들은 엎드려 용서를 빌었습니다.

"선생님, 저희들 생각이 짧았습니다. 용서해 주세요!"

제자들을 돌려보낸 선생님은 당나귀를 판 상인에게 갔습니다. 사정 이야기를 하고 다이아몬드를 돌려주자 상인이 알 수 없다는 듯이 말했습니다.

"이해할 수가 없구려. 당신은 이 당나귀를 샀고, 이 다이아몬드는 그 당나귀의 몸에서 떨어졌소. 그러니 굳이 이렇게 돌려주지 않아도 될 텐데요."

상인은 이상하다는 듯 선생님을 쳐다보았습니다.

"허허, 난 내가 돈을 주고 산 물건만을 갖는답니다. 돌아가신 우리 어머니께서 늘 말씀하셨지요. 분수에 넘친 복이 화를 불러온다고. 그럼 전 이만 가겠습니다."

선생님은 이 말만 남기고는 당나귀를 타고 그대로 돌아갔습니다.

분수에 넘치는 맞지 않는 복과 까닭 없이 생긴 이익은 조물주의 낚싯밥이 아니면 인간 세상의 함정이다.

이럴 때 눈을 높이 들어 조심하지 않는다면 그 꼬임 속에 빠지지 않는 자가 드물 것이다.

非分之福 無故之獲 非造物之釣餌 卽人世之機阱
비분지복 무고지획 비조물지조이 즉인세지기정
此處 著眼不高 鮮不墮彼術中矣
차처 착안불고 선불타피술중의

채근담 후집 126

한자 익히기

【獲】 얻을 획   【釣】 낚시 조   【餌】 먹이 이
【阱】 함정 정   【著】 입을 착   【墮】 떨어질 타
【彼】 저 피

【非分(비분)】 분수에 넘치는   【釣餌(조이)】 낚싯밥, 미끼
【之機(지기)】 남을 속이기 위한 함정   【著眼(착안)】 눈을 두다

달팽이 뿔 위에서의 싸움

옛날 중국에서 있었던 일입니다.

위(魏)나라 혜왕(惠王)은 제(齊)나라 위왕(威王)과 싸우지 말고 사이좋게 지내기로 평화조약을 맺었습니다. 그런데 제나라 위왕이 약속을 어기자 화가 머리끝까지 난 위나라 혜왕은 당장 자객을 보내 위왕을 죽이려고 하였습니다. 그러자 장군 공손연(公孫衍)이 혜왕 앞으로 나서며 말했습니다.

"전하! 전하는 천하의 군주이십니다. 군주가 고작 자객을 보내 원수를 갚으려고 하시다니요. 그건 참으로 부끄러운 일이옵니다. 소인배들이나 하는 짓이옵니다. 차라리 군사를 일으키시옵소서. 소신이 당장 제나라로 쳐들어가겠나이다. 그래서 약속을 어기면 어찌 된다는 것을 단단히 보여 주고 오겠나이다. 전하, 허락하여 주시옵소서."

곧바로 계자(季子)가 입을 열었습니다.

"전하! 전쟁을 일으키는 것은 옳은 방법이 아닙니다. 전쟁을 하려면 병사들을 모으고 군량미를 마련해야 합니다. 그걸 누가 다 마련하겠습니까? 전쟁은 백성들에게 짐만 지우는 것이옵니다. 전하, 백성들을 굽어 살피시옵소서. 전쟁은 결코 아니 되옵니다."

혜왕은 누구 말을 들어야 할지 몰랐습니다.

화자(華子)라는 신하가 다시 말했습니다.

"소신의 생각으로는 전쟁을 일으키자는 쪽이나 반대하는 쪽 모두 좋은 견해가 아닌 듯합니다. 좀 더 생각해 보셔야 할 것 같사옵니다."

이렇듯 서로 다른 주장을 하고 나오자 혜왕은 판단을 내릴 수가 없었습니다.

고민하던 혜왕은 재상 혜자(惠子)에게 좋은 방법이 없겠느냐고 물었습니다. 그러자 혜자는 대진인(戴晉人)이라는 학식 높은 사람을 데려왔습니다.

혜왕은 대진인에게 의견을 물었습니다.

"그래, 경은 어찌하면 좋겠소?"

그러자 대진인은 되레 혜왕에게 물었습니다.

"전하께서는 달팽이를 알고 계시겠지요?"

"물론 알고 있소."

대진인은 대답 대신 이야기를 하나 들려주었습니다.

"달팽이의 왼쪽 뿔 위에는 촉씨(觸氏)라는 나라가, 오른쪽 뿔 위에는 만씨(蠻氏)라는 나라가 있었습니다. 어느 날, 이들은 서로의 땅을 조금이라도 더 차지하려고 전쟁을 일으켰습니다. 전쟁을 하는 도중 수만 명이 죽었습니다. 어떤 때는 달아나는 병사들을 쫓아가는 데만도 보름이 넘게 걸렸다고 합니다."

혜왕은 어이없다는 듯 껄껄 웃었습니다.

"허허, 경은 참 우스운 이야기도 잘 하시는구려. 세상에 그렇게 말도 안 되는 이야기가 어디 있소? 달팽이 뿔 위에서 전쟁을 한다니……. 어찌 그런 일이 벌어질 수 있단 말이오?"

그러자 대진인이 다시 말했습니다.

"전하께서는 이 우주에 끝이 있다고 생각하십니까?"

"뭐, 그렇다고는 생각하지 않소."

"전하께 만약 날개가 있다면 어떻겠습니까? 우주를 날아다니면서 땅에 있는 나라들을 굽어보신다면 어떨 것 같사옵니까? 아무리 큰

나라라도 그 형체는 아주 작게 보일 것입니다."

그러자 혜왕은 고개를 끄덕였습니다.

대진인이 말을 이었습니다.

"이 넓은 우주와 비교해 보면 제나라와 위나라는 작고 작습니다. 티끌 같은 넓이일 뿐입니다. 달팽이 더듬이 위의 나라인 촉씨와 만씨에 견주어 본다면 다를 것이 무엇입니까? 그러므로 위나라니, 제나라니 하면서 서로 땅을 빼앗으려고 전쟁을 일으키는 것은 달팽이 뿔 위에서 싸움을 벌였던 촉씨와 만씨의 싸움과 무엇이 다르겠습니까?"

혜왕은 아무 할 말이 없었습니다.

대진인이 돌아가고 나자 넋을 잃고 앉아 있던 혜왕이 입을 열었습니다.

"참으로 위대한 분이시로구나! 성인도 그에게는 미치지 못하리라."

번쩍하는 불빛 속에서 길고 짧음을 다툰들, 그 세월이 얼마나 길겠는가?
달팽이 뿔 위에서 자웅을 겨룬들, 그 세계가 얼마나 넓겠는가?

石火光中 爭長競短 幾何光陰?
석화광중 쟁장경단 기하광음?

蝸牛角上 較雌論雄 許大世界?
와우각상 교자논웅 허대세계?

채근담 후집 13

한자 익히기

- 【競】 겨룰 경
- 【幾】 기미 기
- 【陰】 그늘 음
- 【蝸】 달팽이 와
- 【牛】 소 우
- 【較】 견줄 교
- 【雌】 암컷 자
- 【雄】 수컷 웅
- 【許】 허락할 허
- 【石火(석화)】 돌과 돌을 부딪쳤을 때 번쩍하고 일어나는 빛
- 【幾何(기하)】 얼마나 ~하겠는가
- 【光陰(광음)】 빛과 그늘, 곧 세월

채근담 26

고놈의 입이 문제야!

　어느 산 속에 꿩과 비둘기가 까치와 함께 형제처럼 사이좋게 살고 있었습니다. 이들은 먹을 것이 있으면 꼭 나누어 먹었습니다.
　그러던 어느 해, 그만 흉년이 닥쳐 먹을거리가 딱 떨어졌습니다.
　꿩과 비둘기와 까치는 머리를 맞대고 의논을 하였습니다.
　"먹을 게 하나도 없는데 어쩌면 좋지?"
　"그러게 말이야. 뭐 좋은 방법이 없을까?"
　"우리 쥐를 찾아가 보자."
　꿩과 비둘기와 까치는 쥐를 찾아가 보기로 하였습니다. 쥐는 부지런해서 늘 먹을 것을 많이 쌓아 두고 있다는 소문을 들었기 때문입니다.

"누가 먼저 갈래?"

"내가 먼저 갈게."

꿩이 맨 먼저 쥐를 찾아가기로 했습니다. 그런데 꿩은 평소에 쥐가 마음에 들지 않았습니다. 키도 작고 생긴 것도 별로여서 마음 속으로 늘 업신여기고 있었습니다. 그래서인지 쥐 색시를 만나자 말도 예쁘게 나오지 않았습니다.

"요것아, 아직도 고양이 밥이 안 되었냐? 꿩 나리가 오셨으니 얼른 먹을 것을 좀 내놓아라."

부엌에서 불을 때고 있던 쥐 색시는 그 소리를 듣자 화가 버럭 났습니다. 그래서 쏜살같이 뛰어나오며 부지깽이로 꿩의 뺨을 때렸습니다.

"남한테 먹을 것을 얻으러 온 주제에 그게 무슨 말버릇이야, 홍! 버릴 건 있어도 너한테 줄 것은 없다."

꿩은 뺨이 얼얼했습니다. 꿩은 결국 아무것도 얻지 못한 채 얻어맞은 뺨을 만지작거리며 쫓겨왔습니다.

지금도 꿩의 뺨이 붉은 것은 그 때 얻어맞은 생채기 때문입니다.

두 번째로 비둘기가 쥐를 찾아갔습니다. 그런데 사실 비둘기도 쥐를 별로 좋아하지 않았습니다. 비둘기는 쥐가 쫄랑쫄랑 남의 물건을 도둑질하는 주제에 잘난 척하며 사는 것이 영 못마땅했습니다. 그래서 말이 곱게 나오지 않았습니다.

"요놈의 쥐들아, 형님이 왔다! 쌀이나 콩, 뭐든지 괜찮다. 훔쳐온 것이 있거든 얼른 좀 내놓아라."

쥐 색시는 이번에도 몹시 화가 났습니다. 그래서 부지깽이로 비둘기 머리를 냅다 때렸습니다.

지금도 비둘기 머리가 푸른 것은 그 때 얻어맞은 멍이 풀리지 않았기 때문입니다.

세 번째로 까치가 쥐를 찾아갔습니다. 까치는 꿩이나 비둘기가 혼이 난 이야기를 다 들었습니다.

'아휴, 배고파. 꿩이나 비둘기처럼 해서는 안 돼! 그러다간 나도 쫓겨나고 말 거야.'

까치는 무슨 일이 있어도 식량을 얻겠다고 마음을 단단히 먹었습니다. 그래서 쥐네 집 문 앞에 가서 고개를 숙이고 공손히 부탁을 했습니다.

"계십니까? 쥐 나리님. 올해는 흉년이라 고생이 여간 아닙니다. 제발 저를 불쌍히 여기셔서 먹을 것이 있거든 조금만 나눠 주십시오."

그랬더니 집 안에서 쥐 색시가 웃으며 나왔습니다.

"당신은 퍽 예의 바르군요. 음식을 나누어 줄 수 있을 것 같아요."

까치는 너무 기뻐서 얼굴이 환해졌습니다. 그러자 쥐 색시는 갑자기 뭔가 생각났다는 듯 말했습니다.

"참, 당신은 꿩과 비둘기와 친하지 않나요? 꿩이나 비둘기와 함께 지내는 사이라면 먹을 것을 나누어 줄 수가 없어요. 아무것도! 돌아가세요."

쥐 색시가 야박하게 잘라 말했습니다.

"네? 그게 무슨 말씀입니까?"

까치는 얼른 쥐 색시의 입을 막았습니다.

"뭔가 오해를 하신 것 같네요. 전 꿩이나 비둘기 같은 이름은 들어 본 적도 없습니다."

그러자 쥐 색시가 말했습니다.

"그래요? 그러면 이리로 들어오세요."

쥐 색시는 그제야 안심하고 까치에게 먹을 것을 주었습니다. 쥐 색시가 웃으면서 말했습니다.

"당신은 정말 꿩이나 비둘기와는 다르네요. 몸이 곱게 생겼으니 말씨도 참 곱군요!"

까치는 배불리 먹고 나서 고맙다고 인사를 하였습니다.

'꿩과 비둘기 녀석. 잘난 척만 하더니 음식도 얻어먹지 못하고 쫓겨났잖아. 그러게 나처럼 머리를 써야지, 머리를!'

까치는 혼자만 먹을 것을 얻어먹어서 기분이 아주 좋았습니다. 꿩이나 비둘기보다 똑똑하다고 생각하니 절로 어깨가 으쓱해졌습니다. 그래서 쥐네 집 문을 나서면서 혼자 중얼거렸습니다.

"깍깍, 바보 같은 꿩과 비둘기 녀석. 어때? 너네들보다는 내가 어른이지? 약아빠진 쥐들도 속였잖아."

"뭐, 네가 우리를 속였다고?"

문 앞에서 보초를 서던 작은 쥐가 까치의 혼잣말을 들었습니다. 작은 쥐는 화가 나서 몽둥이를 들고 까치에게 달려들었습니다.

까치는 깜짝 놀라 피했으나 그만 꽁지를 한 대 얻어맞고 말았습니다.

지금까지 까치가 새까만 꽁지를 촐싹거리는 것은 그 때 맞은 꽁지가 아직까지도 아프기 때문이랍니다.

음흉한 계략, 괴상한 습관, 이상한 행동, 기이한 재주 등은 모두 세상을 살아가는 데 있어 재앙의 근본이 되는 것이다.

다만 하나의 평범한 덕성과 평범한 행실만이 혼돈을 온전히 하여 평화를 부를 수 있다.

陰謀怪習 異行奇能 俱是涉世的禍胎
음모괴습 이행기능 구시섭세적화태

只一個庸德庸行 便可以完混沌而召平和
지일개용덕용행 변가이완혼돈이소평화

채근담 전집 181

한자 익히기

【謀】 꾀 모　　【怪】 기이할 괴　　【習】 익힐 습
【異】 다를 이　　【奇】 기이할 기　　【俱】 함께 구
【涉】 건널 섭　　【禍】 재앙 화　　【只】 다만 지
【庸】 떳떳할 용　　【混沌(혼돈)】 사물의 구별이 확실치 않은 상태
【平和(평화)】 평온하고 화목함

채근담 27

어려울 때일수록

 옛날 어느 고을 뒷산에 이상한 금돼지가 한 마리 살고 있었습니다. 이 금돼지에게는 기가 막힌 재주가 있었습니다. 그것은 자기가 원하는 것으로 몸을 바꾸는 재주입니다. 주문만 외우면 얼마든지 자기가 원하는 것으로 몸이 바뀌곤 했습니다.
 '고양이가 되고 싶다.'고 외치기만 하면 눈 깜짝할 사이에 고양이가, '사자가 되고 싶다.'고 소리치면 순식간에 사자가, '할아버지가 되고 싶다.'고 말하면 금세 할아버지가 되었습니다.
 금돼지는 세상에서 무서울 것이 없었습니다. 금돼지는 어느 날 할아버지로 변해서 고을의 군수를 찾아갔습니다.

"노인장은 누구십니까?"

군수가 묻자 금돼지는 훌러덩 군수 앞에서 자신의 원래 모습을 보였습니다.

"하하, 나는 금돼지다!"

군수는 깜짝 놀라 금돼지를 뚫어져라 바라보았습니다.

"아니, 이게 어찌 된 일이냐? 넌 누구냐?"

"난 변신의 천재 금돼지다! 내 재주를 한번 보겠느냐?"

금돼지는 군수 앞에서 자기 재주를 맘껏 선보였습니다.

"뱀이 되어라!"

"토끼가 되어라!"

"여우가 되어라!"

이런저런 모습으로 변신하는 금돼지를 보자 군수는 더욱 놀랍고 무서워서 벌벌 떨었습니다.

"너는 나랑 같이 갈 데가 있다."

금돼지는 군수를 물고 자기가 살고 있는 굴로 돌아왔습니다.

"무서워할 것 없다. 여기서 내 말만 잘 들으면 죽이지는 않을 것이다."

군수는 알았다고 머리를 조아렸습니다.

금돼지는 군수에게 물었습니다.

"이 세상에서 무엇이 제일 무서운가?"

그러자 군수가 대답했습니다.

"나는, 나는 떡이 제일 무섭다."
이번에는 군수가 금돼지에게 물었습니다.
"그러는 너는 세상에서 무엇이 제일 무서운가?"
금돼지는 생각만 해도 무섭다는 듯 머리를 흔들면서 대답했습니다.
"나는 이 세상에서 사슴가죽이 제일 무섭다."
이튿날, 금돼지는 밖으로 나갔습니다. 금돼지는 도망치지 못하도록 군수가 무서워하는 떡을 굴 밖에 잔뜩 쌓아놓았습니다. 그리고는 군수로 변해 고을로 가서 군수 행세를 했습니다.
굴 속에 갇힌 군수는 어찌해야 좋을지 몰랐습니다. 달아나고 싶었지만 금돼지가 언제 또 자기를 잡으러 올지 몰라 겁이 났습니다.
'죽이지는 않는다고 했으니 조금만 참자.'
다행히 좋아하는 떡이 있어서 그것을 먹으며 금돼지가 돌아오기

만을 기다리고 있었습니다.

그렇게 며칠이 지났습니다.

'언제까지 여기 있어야 하지? 빠져나갈 방법이 없을까?'

군수는 곰곰이 궁리를 하였습니다. 그러나 아무리 생각을 해도 빠져나갈 방법이 없었습니다.

며칠 동안 고민하던 군수는 무릎을 탁 쳤습니다. '나는 이 세상에서 사슴가죽이 제일 무섭다.'던 금돼지의 말이 생각난 것입니다. 군수는 어디 사슴가죽이 있나 찾아보았습니다. 하지만 굴 속에 사슴가죽이 있을 리 없었습니다.

그 때 문득 생각난 것이 허리에 차고 있는 열쇠 끈이었습니다. 그것이 바로 실처럼 가늘게 만든 조그마한 사슴가죽이었던 것입니다.

'그래, 이것만으로도 충분해.'

군수는 좋아서 어쩔 줄 몰랐습니다. 군수는 금돼지가 오기만을 기다렸습니다.

저녁이 되자 금돼지가 돌아왔습니다. 이번에는 혼자가 아니었습니다. 군수의 아내를 잡아서 돌아왔습니다. 군수는 깜짝 놀랐지만 내색을 하지 않았습니다.

"하하, 잘 있었느냐? 심심할까 봐 네 아내를 데려왔다."

금돼지가 웃으면서 말했습니다.

군수는 용기를 내어 허리에 차고 있던 사슴가죽을 꺼내 금돼지에게 보이며 버럭 고함을 질렀습니다.

"이놈아, 이것이 무엇인 줄 아느냐?"

그것을 본 금돼지는 갑자기 기운이 빠져 엎드려서 벌벌 떨었습니다. 그러자 군수는 더욱 기운이 나서 있는 힘을 다해 금돼지를 칼로 찔러 죽였습니다. 그리고 굴 속에 있던 보물을 가지고 집으로 돌아와 큰 부자가 되어 아내와 오래오래 행복하게 잘 살았습니다.

시끄럽고 혼잡한 때에는 평소에 기억하던 것도 멍하니 모두 잊어버리고, 깨끗하고 편안한 자리에 있으면 옛날에 잊어버렸던 것도 또렷이 기억난다.

이것으로 고요함과 시끄러움이 조금만 갈려도 마음이 어둡고 밝음이 판이하게 달라지는 것을 알 수 있다.

時當喧雜 卽平日所記憶者 皆漫然忘去
시당훤잡 즉평일소기억자 개만연망거

境在淸寧 卽夙昔所遺忘者 又恍爾現前
경재청녕 즉숙석소유망자 우황이현전

可見靜躁稍分 昏明頓異也
가견정조초분 혼명돈이야

채근담 후집 38

한자 익히기

- 【喧】 온난할 훤
- 【雜】 섞일 잡
- 【記】 기억할 기
- 【憶】 생각할 억
- 【漫】 흩어질 만
- 【忘】 잊을 망
- 【夙】 이를 숙
- 【遺】 남길 유
- 【恍】 황홀할 황
- 【爾】 너 이
- 【稍】 점점 초
- 【頓】 조아릴 돈

어려울 때일수록 173

채근담 28

고약한 원님

조선 시대 때 일어났던 일입니다.

어느 고을에 성질이 매우 고약하고 사나운 원님 한 분이 새로 내려왔습니다. 그런데 원님 밑에서 시중을 들고 있던 이방이라는 사람은 원님과는 반대로 마음씨가 착하고 의리가 두터운 사람이었습니다. 이방은 억울한 일, 의롭지 못한 일은 그냥 보고 넘기지 못했으며 바른말도 잘했습니다.

새로 온 원님은 이방이 영 마음에 들지 않았습니다. 자기가 하는 일을 일일이 참견하니 눈엣가시처럼 여겨졌습니다. 하지만 이방은 전에 있던 원님 때부터 시중을 들어온 사람이라 함부로 할 수가 없었습니다. 자기 맘에 들지 않는다고 일을 잘하는 이방을 쫓아낼 수는 없었습니다.

'이방, 그 녀석을 반드시 쫓아내야 할 텐데 무슨 좋은 방법이 없을까?'

원님은 날마다 이 궁리만 했습니다.

부임한 지 한 달쯤 지나서 원님은 좋은 꾀를 생각해냈습니다. 이방을 골려 주기로 작정한 것입니다.

어느 날, 원님은 이방을 불렀습니다.

"여보게, 이방!"

이방은 공손히 대답했습니다.

"네, 나리!"

"내 자네에게 숙제를 하나 내겠네. 지금부터 한 달 기한을 줄 테니 그 안에 뱀과 딸기를 구해 오도록 하게. 구해 오면 큰 상을 내리겠지만, 만일 그것들을 구해 오지 못하면 내 말을 우습게 여겼다고 생각해 큰 벌을 내릴 것이네. 알겠는가?"

이방은 기가 막혀 아무 말도 할 수 없었습니다. 하지만 마음씨 착한 이방은 원님의 분부를 감히 거역하지 못했습니다.

이방은 그냥 물러 나왔습니다. 하지만 걱정이 태산이었습니다.

때는 한창 추운 겨울이었습니다. 추운 겨울에 뱀과 딸기가 있을 리 없었습니다.

이방은 다음 날부터 산과 들로 뱀과 딸기를 찾으러 다녔습니다.

하지만 산과 들이 온통 눈으로 뒤덮여 있어서 뱀과 딸기를 찾을 길이 없었습니다.
그래도 이방은 열심히 뱀과 딸기를 찾아 헤맸습니다. 그러다가 그만 병이 나서 자리에 드러눕게 되었습니다.
이방이 병석에 눕자 아들들이 모두 모였습니다.
"아버지, 이게 어찌 된 일이세요? 왜 갑자기 병이 드셨어요?"
"도대체 어디가 편찮으신 거예요?"
아들들이 물었습니다.

"그게 사실은……."

이방은 아들들에게 자초지종을 모두 이야기했습니다. 사정 이야기를 다 들은 큰아들이 말했습니다.

"아버지, 걱정하지 마세요! 제게 좋은 생각이 있어요."

큰아들은 옷을 갈아입고 관가로 찾아갔습니다. 그리고는 원님 뵙기를 청했습니다.

원님은 이방의 아들이 왔다고 하니 뱀과 딸기를 가지고 온 줄 알았습니다. 그래서 하인에게 말했습니다.

"그래, 어서 들어오라고 해라."

큰아들은 방으로 들어가 원님 앞에 가 앉았습니다.

"아버님께서는 지금 구렁이에 물려 앓고 있사옵니다. 그래서 제가 대신 찾아뵈었습니다."

이 말을 듣자 원님은 화가 나서 버럭 호통을 쳤습니다.

"이놈, 네가 지금 나를 놀리는 게냐? 이 추운 겨울에 어디 구렁이가 있단 말이냐?"

이 말을 들은 큰아들이 또박또박 말했습니다.

"하나 여쭙겠습니다. 그러면 이 겨울에 뱀은 어디 있으며, 딸기는 또 어디 있사옵니까? 원님께서 좀 알려 주십시오."

그러자 원님은 아무 말도 하지 못했습니다.

"다시는 그런 말도 안 되는 억지로 제 아버님을 괴롭히지 마십시오."

큰아들은 당당하게 원님 방을 걸어 나왔습니다.

큰아들의 지혜 덕분에 이방은 쫓겨나는 것을 피할 수 있게 되었습니다.

책을 읽어도 성현을 보지 못한다면 글이나 베껴 주는 사람이 될 것이고, 벼슬자리에 있으면서도 백성을 자식같이 사랑하지 못한다면 관을 쓴 도둑이 될 것이며, 학문을 강론하면서도 몸소 실천하지 못한다면 구두선(口頭禪)이 될 것이고, 사업을 세우고도 덕을 심는 것을 생각하지 않는다면 눈앞에 피었다 지는 꽃이 되고 말 것이다.

讀書不見聖賢 爲鉛槧傭 居官不愛子民 爲衣冠盜
독서불견성현 위연참용 거관불애자민 위의관도
講學不尙躬行 爲口頭禪 立業不思種德 爲眼前花
강학불상궁행 위구두선 입업불사종덕 위안전화

채근담 전집 56

한자 익히기

【讀】 읽을 독   【聖】 성인 성   【賢】 어질 현
【居】 살 거   【愛】 사랑 애   【盜】 도둑 도
【講】 욀 강   【尙】 오히려 상   【躬】 몸 궁
【種】 씨 종
【鉛槧傭(연참용)】 글의 뜻은 모르면서 글씨를 베끼는 일만 하는 사람을 가리킴
【口頭禪(구두선)】 입으로만 선을 외움, 즉 형식적으로 성의없이 일하는 것을 뜻함

채근담
29

도둑은 누구?

　옛날 옛적에 마음이 좁고 욕심이 가득한 부자 영감이 살고 있었습니다.
　어느 날, 오랫동안 도를 공부했다는 사람이 부자 영감네 집을 찾아왔습니다.
　"주인장 계시오?"
　"내가 주인인데 누구시오?"
　부자 영감이 말하자 도인은 부자 영감에게 말했습니다.
　"나는 지리산에서 20년이 넘도록 도를 닦고 지금 막 내려온 사람이라오. 우연히 이 집 앞을 지나다가 들렀소. 이 집에 곧 큰 복이 내릴 것이오."

복이 내린다는 말에 부자 영감은 귀가 솔깃했습니다.

"복이라고요?"

그러자 도인은 껄껄 웃었습니다.

"내가 보기엔 그렇소."

부자 영감이 도인의 손을 잡으며 물었습니다.

"그럼 어찌하면 그 복을 잡을 수 있겠소?"

"사실 내가 그래서 들어왔다오. 나에게는 기가 막히게 신기한 재주가 하나 있다오."

부자 영감은 그 이야기를 듣자 욕심이 났습니다. 그래서 물었습니다.

"그래, 그 재주란 것이 무엇이오?"

그러자 도인은 부자 영감의 귀를 끌어다가 자기 입에 대고 속삭였습니다.

"쉿, 이건 비밀이니 혼자만 알고 있어야 하오. 나는 무슨 물건이든 한 개를 가지고 두 개로 만들 수 있다오."

"에이, 어떻게 그런 일이 있을 수 있단 말이오?"

부자 영감이 못 믿겠다는 듯이 말했습니다.

"믿기 싫음 관두시오."

그러자 도인이 배짱을 부렸습니다. 부자 영감은 후끈 몸이 달았습니다.

"보여 줄 수 있겠소?"

"그러지요."

부자 영감은 얼른 금덩이 하나를 꺼냈습니다.

"자, 그럼 이것을 두 개로 만들어 보시오."

그러자 도인은 그 자리에서 금덩이 한 개를 두 개로 만들었습니다. 물론 살짝 속임수를 쓴 것입니다. 하지만 부자 영감은 감쪽같이 속아 넘어갔습니다. 그리고는 더욱 욕심을 부렸습니다.

"정말 대단하오. 자, 그럼 이번에는 내가 가진 금덩이를 모두 줄 테니, 그걸 두 배로 만들어 주시오. 보답은 하겠소."

부자 영감은 집 안에 있는 금은보화를 모두 꺼내 도인에게 주었습니다. 그러자 도인이 말했습니다.

"이렇게 많은 금은보화를 두 배로 만드는 건 보통 어려운 게 아니라오. 온 정신을 집중시키지 않으면 안 된다오. 떠들어서도 안 되고, 옆에 사람이 있어서도 안 된다오. 그러니 집 안에 있는 사람들을 방에서 나오지 못하도록 해 주시오. 영감께서도 잠깐 자리를 비켜 주시고요."

부자 영감은 도인이 시키는 대로 했습니다. 집 안 사람들을 방에 꼭 있도록 하고 자기도 방으로 들어갔습니다.

그 사이 도인은 부자 영감이 내놓은 금은보화를 몽땅 들고 줄행랑을 쳐버렸습니다. 부자 영감은 뒤늦게 자신이 속았다는 것을 알고 화가 나서 견딜 수가 없었습니다.

"내 이놈을 그냥 두지 않겠다!"

부자 영감은 관가로 달려가 사또에게 당장 도인을 잡아 달라고 부탁했습니다.

"세상에 그렇게 못된 놈이 어디 또 있습니까? 도인이라고 속이고 제 집에 있는 금은보화를 몽땅 털어 갔습니다. 어서 포졸을 풀어 그놈을 잡아 주십시오. 네, 사또!"

그러자 사또는 고개를 갸웃거렸습니다.

"뭔가 좀 이상합니다. 집에 있는 금은보화를 다 털어 가도록 집 안 사람들은 대체 무엇을 하고 있었습니까?"

그러자 부자 영감은 할 수 없이 그동안 있었던 일을 모두 이야기했습니다. 사또는 사정 이야기를 다 듣더니 고개를 저었습니다.

"도둑놈은 그 자가 아닙니다."

"사또! 아니, 지금 무슨 말씀을 하시는 것입니까? 제 재산을 몽땅 털어 간 그놈이 도둑놈이 아니라면 누가 도둑놈이란 말입니까? 참 답답하십니다. 제 말을 못 믿으시겠다면 제가 우리 집 하인들을 데려오겠습니다. 그놈 얼굴을 본 사람들은 많습니다. 제발 그놈을 좀 잡아 주십시오."

사또는 또 고개를 흔들었습니다.

"그 자는 도둑이 아닙니다. 도둑은 따로 있습니다."

부자 영감은 화가 나서 소리쳤습니다.

"아니, 그럼 도둑이 대체 누구란 말입니까?"

사또는 부자 영감의 일그러진 얼굴을 보며 말했습니다.

"바로 영감의 욕심입니다. 금은보화를 훔쳐 간 것은 자신을 도인이라고 속인 그놈이 아니라 영감의 욕심이란 말입니다. 그만큼 가지고 있으면서도 더 가지려고 한 영감의 터무니없는 욕심이 화를 부른 것입니다. 그놈은 잠시 그 욕심을 이용한 것뿐입니다."

사또의 말에 부자 영감은 아무 말도 할 수 없었습니다. 땅을 치고 후회할 뿐이었습니다.

하나의 생각으로도 귀신의 금기를 범하고, 한 마디 말로도 천지의 조화를 해치며, 한 가지 일로도 자손의 재앙을 빚을 수 있으니, 마땅히 가장 간절히 경계해야 한다.

有一念而犯鬼神之禁 一言而傷天地之和
유일념이범귀신지금 일언이상천지지화

一事而釀子孫之禍 最宜切戒
일사이양자손지화 최의절계

채근담 전집 152

한자 익히기

【犯】 범할 범   【鬼】 귀신 귀   【禁】 금할 금
【傷】 다칠 상   【事】 일 사   【釀】 술 빚을 양
【孫】 손자 손   【禍】 재앙 화   【宜】 마땅할 의
【天】 하늘 천   【地】 땅 지

통합 교과형 논리·논술

 【한 걸음 더】

1. 다음 중 '뱀 사' 자는 어느 것인가요?
   ① 影   ② 寢   ③ 蛇   ④ 念   ⑤ 的

2. 다음 중 '믿을 신' 자는 어느 것인가요?
   ① 信   ② 先   ③ 未   ④ 皆   ⑤ 獨

3. 다음 중 '몸 체' 자는 어느 것인가요?
   ① 來   ② 隻   ③ 做   ④ 體   ⑤ 瑩

4. 다음 중 '때 시' 자는 어느 것인가요?
   ① 須   ② 貧   ③ 時   ④ 衰   ⑤ 要

5. 다음 중 '하고자 할 욕' 자는 어느 것인가요?
   ① 覺   ② 欲   ③ 焰   ④ 福   ⑤ 苦

6. 다음 중 '해할 해' 자는 어느 것인가요?
   ① 受　　② 害　　③ 渾　　④ 欺　　⑤ 詐

7. 다음 중 '착할 선' 자는 어느 것인가요?
   ① 當　　② 暗　　③ 雪　　④ 裡　　⑤ 善

8. 다음 중 '생각 염' 자는 어느 것인가요?
   ① 濃　　② 厚　　③ 居　　④ 念　　⑤ 宜

9. 다음 중 '악할 악' 자는 어느 것인가요?
   ① 養　　② 舊　　③ 責　　④ 念　　⑤ 惡

10. 다음 중 '물러날 퇴' 자는 어느 것인가요?
    ① 自　　② 退　　③ 先　　④ 須　　⑤ 滋

11. 「대기만성형 인간」에서 사람들이 최림을 보고 혀를 찬 가장 큰 이유는 무엇인가요?
    ① 키가 크고 몸집이 좋아서
    ② 벼슬을 못해서
    ③ 키가 작고 못생겨서
    ④ 학문이 뛰어나지도 못하고, 말도 잘하지 못해서
    ⑤ 형 최염에 비해 여러 가지로 못나서

12. 다음 중 「깡패를 제자로 받아들인 공자」에 나오는 자로에 관한 설명으로 맞지 않은 것은 어느 것인가요?
   ① 용감하고 힘쓰는 것을 좋아했다.
   ② 공자의 제자였다.
   ③ 참을성이 적고 성격이 급해서 말을 불쑥불쑥 내뱉곤 했다.
   ④ 점잖고 학식이 많았다.
   ⑤ 무지막지한 깡패였다.

13. 「지휘자가 된 첼리스트」에서 토스카니니가 지휘자로 더 유명하게 된 까닭은 무엇인가요?
   ① 지휘하는 것을 더 좋아해서
   ② 지휘자가 돈을 더 잘 벌어서
   ③ 지휘자가 더 근사하니까
   ④ 갑자기 지휘자가 쓰러져서 그 사람 대신 지휘한 일이 성공적이어서
   ⑤ 첼로를 켜는 게 재미없어져서

14. 「누가 부자일까?」에서 배 안에 있던 부자들이 갑자기 빈털터리가 된 까닭은 무엇인가요?
   ① 도박을 해서 선장에게 돈을 다 빼앗겨서
   ② 노인과의 내기에 져 돈을 다 빼앗겨서
   ③ 해적에게 모두 빼앗겨서
   ④ 배가 뒤집혀 모든 것이 다 파도에 떠내려가서
   ⑤ 사기꾼에게 모두 사기를 당해서

15. 「주운 다이아몬드」에서 선생님의 가장 큰 고민은 무엇이었나요?
   ① 아무리 공부를 해도 가난에서 벗어나지 못한다는 것
   ② 공부할 제자들이 점점 줄어드는 것
   ③ 산에 가서 힘들게 나무를 해 오는 것
   ④ 산에 가서 해 온 나무를 장에 가져다 파는 것
   ⑤ 공부를 게을리하는 제자들을 야단치는 것

16. 「고놈의 입이 문제야!」에서 꿩과 비둘기와 까치가 쥐를 찾아가기로 한 까닭은 무엇인가요?
   ① 도둑이 들어와서 먹을 것을 다 가져가 버려서
   ② 흉년이 들어 먹을 것이 딱 떨어져서
   ③ 빌린 돈을 갚으려고
   ④ 자기들 집에 초대하려고
   ⑤ 자기들과 사이좋게 지내자고 하려고

17. 「고약한 원님」에서 원님은 이방이 마음에 들지 않았습니다. 그 이유와 거리가 먼 것은 무엇인가요?
   ① 자기가 하는 일에 일일이 참견해서
   ② 전에 있던 원님 때부터 시중을 들어온 사람이라 함부로 할 수 없어서
   ③ 쫓아낼 수 없어서
   ④ 바른말을 잘해서
   ⑤ 자기보다 부자여서

18. 「도둑은 누구?」에서 도인은 자기에게 어떤 재주가 있다고 하였나요?
    ① 동물들 말을 알아듣는 재주
    ② 사람들 운세를 보는 재주
    ③ 무엇이든 하나를 가지고 둘로 만드는 재주
    ④ 딸을 아들로 바꾸는 재주
    ⑤ 좋은 집터를 잡아 주는 재주

19. 「도끼로 바늘 만들기」에서 이백이 상의산에서 내려온 까닭은 무엇인가요?
    ① 친구들이 보고 싶어서
    ② 부모님을 만나려고
    ③ 술이 마시고 싶어서
    ④ 공부를 그만두려고
    ⑤ 할머니를 만나 가르침을 얻으려고

20. 「장작을 패 주다 혼이 난 소년」에서 루터의 아버지가 루터에게 벌을 세운 까닭은 무엇인가요?
    ① 하루 종일 나가 놀아서
    ② 날마다 장작을 패기로 한 약속을 지키지 않아서
    ③ 공부를 하지 않아서
    ④ 심부름을 엉터리로 해서
    ⑤ 거짓말을 해서

논리 다지기

1. 「바보 한스」에서 첫째와 둘째는 바보 한스가 어디에 가냐고 묻자 왜 시큰둥하게 대답했을까요?

   _____
   _____

2. 「어려울 때일수록」에서 금돼지는 왜 군수를 잡아다 굴 속에 가두었나요?

   _____
   _____

3. 「고약한 원님」에서 원님은 왜 겨울에 뱀과 딸기를 구해 오라는 꾀를 내었나요?

   _____
   _____

4. 「장작을 패 주다 혼이 난 소년」에서 어머니가 종아리를 때리려는 아버지를 말린 이유는 무엇인가요?

   _____
   _____

5. 「대기만성형 인간」에서 최염이 술을 먹고 와서 우는 사촌 동생 최림을 달래 준 까닭은 무엇인가요?

___

6. 「뒤러의 '기도하는 손'」에서 '뒤러와 처지가 같았다.'는 건 뒤러 친구의 입장이 어떠했다는 뜻인가요?

___

7. 「혼이 난 단 방귀 장수」에서 동생은 왜 형이 집을 나가라고 할 때도, 먼 동네로 떠나라고 할 때도 형의 말을 따랐을까요?

___

8. 「사자와 생쥐」에 나오는 일부분입니다. 다음 보기 글로 미루어 볼 때 사자는 지금 어떤 상태일까요? 또 사자의 마음은 어떨 것 같나요?

> '이런, 이를 어째? 이런, 이런!'
> 아무리 움직여도 사자를 묶은 밧줄은 풀리지 않았습니다.
> '이거 큰일이군. 사냥꾼이 오기 전에 풀어야 할 텐데.'
> 이리저리 둘러보았지만 주위에는 아무도 없었습니다.
> '허허, 이러다가는 꼼짝없이 잡히게 생겼어.'

___

9. 「술잔 속에 비친 뱀의 그림자」에 나오는 일부분입니다. 다음 보기 글로 보아 악광이 친구의 말을 어떻게 생각하는 것 같나요?

> "구석구석 잘 찾아보아라!"
> "네, 주인님!"
> 하인들은 한동안 방 안 이곳저곳을 살펴보았습니다. 그러더니 고개를 갸웃거리며 말했습니다.
> "주인님, 아무리 찾아봐도 뱀은 없습니다."

_____
_____
_____

10. 「아기 쥐 하늘이의 세상 구경」에서 '점잖고 멋진 녀석'이란 누구를 말하는 것인가요? 하늘이는 왜 그 친구에게 인사를 하지 않은 것이 다행이라고 생각했나요? 다음 글에서 그 이유를 생각해 본 후 써 보세요.

> 엄마 쥐의 이야기를 다 듣고서야 하늘이는 아까 그 점잖고 멋진 녀석에게 인사를 하지 않은 것이 얼마나 다행인지 깨달았습니다.

_____
_____
_____

11. 「기다리는 지혜」의 일부분인 다음 보기 글을 읽고 변장자가 어떤 마음일지 생각해 보세요.

> 변장자는 얼른 칼을 들고 산으로 달려갔습니다.
> 호랑이를 잡을 생각을 하니 가슴이 벌렁벌렁 뛰었습니다. 발에 날개라도 단 것 같았습니다. 그는 한달음에 고개 너머까지 달려갔습니다.
> 소나무숲 커다란 바위 뒤에 정말 호랑이 두 마리가 있었습니다.
> 변장자는 칼을 들고 다짜고짜 호랑이에게 달려들려고 뛰어나갔습니다.

12. 「굶어 죽을지언정」에 나오는 일부분입니다. 다음 보기 글을 보면 개의 마음이 변했다는 것을 알 수 있습니다. 개의 마음이 어떻게 변했고, 또 그 이유는 무엇일까요?

> 사실 목장 개는 이리가 자기를 잡아먹을까 봐 마음을 놓지 못하고 있었습니다. 그런데 이리가 먼저 공손하게 인사를 하자 안심이 되었습니다. 더구나 자기를 칭찬해 주기까지 하니 조금 우쭐해졌습니다.
> "자네는 어째 얼굴이 그런가? 힘든 모양이군."

13. 「여몽의 변신」에 나오는 일부분입니다. 손권이 누구에게, 무엇에 대해 말하고 있는 것인가요?

> "싸움을 잘하는 것도 중요하지만, 어떻게 싸워야 할지 아는 것도 아주 중요하다네. 수많은 전쟁터에 나갔지만, 난 늘 책을 가지고 다녔다네. 어디 나뿐인가? 후한의 황제였던 광무제(光武帝)는 나랏일이 바쁘면서도 손에서 항상 책을 놓지 않았다네. 위나라의 조조(曹操) 또한 늙어서까지 배우고 또 배웠다네. 시간이 없다는 것은 핑계야, 핑계!"

_____
_____
_____
_____
_____

14. 「인상여와 영파의 우정」에 나오는 일부분입니다. 다음 보기 글로 보아 소양왕과 혜문왕의 협상은 어떻게 될 것 같나요?

> 　소양왕은 한 가지 꾀를 내어 혜문왕에게 협상을 하자고 말했습니다.
> 　"조건을 제시하겠네. 우리 나라 성을 열다섯 개 줄 테니 화씨의 옥구슬을 내게 주게. 이만하면 좋은 조건이 아닌가?"
> 　사실 소양왕은 성은 주지 않고 구슬만 차지할 속셈이었습니다.

15. 「고놈의 입이 문제야!」에 나오는 일부분입니다. 다음 보기 글로 보아 쥐 색시가 화를 낸 까닭은 무엇인가요?

> 　"요놈의 쥐들아, 형님이 왔다! 쌀이나 콩 뭐든지 괜찮다. 훔쳐 온 것이 있거든 얼른 좀 내놓아라."
> 　쥐 색시는 이번에도 몹시 화가 났습니다. 그래서 부지깽이로 비둘기 머리를 냅다 때렸습니다.

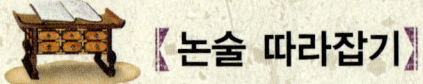

논술 따라잡기

1. '故拂心處(고불심처) 莫便放手(막편방수)'라고 했습니다. 「도끼로 바늘 만들기」를 잘 읽고 할머니 말씀 중에서 이 문구와 비슷한 말을 찾아보고, 자신의 생각을 말해 봅시다.

   _____
   _____
   _____
   _____
   _____

2. '毋憚初難(무탄초난)'이라 했습니다. 「뒤러의 '기도하는 손'」에서 뒤러에게 닥친 '초난'이 무엇인지 생각해 보고, 그것을 어떻게 극복하게 되었는지 이야기해 봅시다.

   _____
   _____
   _____
   _____

3. '故君子當存含垢納汚之量(고군자당존함구납오지량)'이라 했습니다. 「깡패를 제자로 받아들인 공자」를 읽고 공자의 아량을 엿볼 수 있는 곳을 찾아보고, 그에 대한 자신의 생각을 말해 봅시다.

4. '蝸牛角上(와우각상) 較雌論雄(교자논웅) 許大世界(허대세계)?'라고 했습니다. '달팽이 뿔 위에서 자웅을 겨루는 것'에 해당하는 것을 「달팽이 뿔 위에서의 싸움」에서 찾아보고, '그 세계가 얼마나 넓겠느냐?'가 무슨 뜻인지 말해 봅시다.

5. '無故之獲(무고지획) 非造物之釣餌(비조물지조이)'라고 했습니다. '까닭 없이 생긴 이익'이 무엇인지 「주운 다이아몬드」에서 찾아보고, '조물주의 낚싯밥'이란 어떤 의미일지 자신의 생각을 말해 봅시다.

_____
_____
_____
_____
_____
_____

6. '毋以己之長而形人之短(무이기지장이형인지단)'이라 했습니다. 「바보 한스」에서 두 형들의 '장점'은 무엇이고, 한스의 '단점'은 무엇인지 찾아보고, 자신의 생각을 말해 봅시다.

_____
_____
_____
_____
_____
_____

7. 「여몽의 변신」에서 노숙은 왜 여몽의 모습이 변했다고 생각했습니까? 여몽의 변한 모습을 보고 어떤 생각이 드는지 자신의 생각을 말해 봅시다.

> "아니, 이게 어떻게 된 일인가?"
> 노숙이 눈을 동그랗게 뜨고 물었습니다.
> "자네는 내가 알던 그 옛날 여몽이 아니구먼. 오나라의 서울에 있던 골목대장 여몽이 아니야."

_____
_____
_____

8. 「모든 것이 내 탓이다」에서 랍비는 탈무드를 공부하러 온 젊은이에게 아직 공부할 때가 아니라고 했습니다. 랍비의 말이 옳다는 근거를 찾아 이야기해 봅시다.

_____
_____
_____

9. 「도둑은 누구?」에는 부자와 사또가 나옵니다. 부자 영감은 자기가 도인에게 속았다고 했지만, 사또의 생각은 달랐습니다. 사또의 의견은 과연 맞은 걸까요? 자신의 생각을 말해 봅시다.

　

10. 「거만스러운 나귀」에서 나귀 주인은 왜 처음에는 나귀가 거들먹거리고 거만해지는 것을 보고만 있었을까요? 나귀 주인에 대한 자신의 생각을 말해 봅시다.

11. 우리는 가끔 겉모습만으로 누군가를 판단하곤 합니다. 「아기 쥐 하늘이의 세상 구경」에서 하늘이도 그랬습니다. 하늘이가 겉모습만으로 어떤 실수를 저질렀는지 찾아보고, 자신의 생각을 말해 봅시다.

_____
_____
_____
_____
_____

12. 자기 재주에 대한 젊은이와 기름 장수 노인의 생각은 서로 다릅니다. 이 두 사람이 자기 재주에 대해 어떻게 생각하고 있는지 「신통한 재주」에서 찾아보고, 자신의 생각을 말해 봅시다.

_____
_____
_____
_____
_____

예시 답안

 【한 걸음 더】

1. ③ 2. ① 3. ④ 4. ③ 5. ②
6. ② 7. ⑤ 8. ④ 9. ⑤ 10. ②
11. ⑤ 12. ④ 13. ④ 14. ③ 15. ④
16. ② 17. ⑤ 18. ③ 19. ④ 20. ②

 【논리 다지기】

1. 한스가 알아봤자 바보이므로 성에 갈 수 없다고 생각했기 때문입니다.
2. 자신이 대신 군수 노릇을 하기 위해서였습니다.
3. 맘에 들지 않는 이방을 골탕먹여서 쫓아내려고 그랬습니다.
4. 종아리에 흉이 날까 봐 그렇기도 했지만 보다 큰 이유는 어머니가 루터를 믿었기 때문입니다. 루터가 말을 하지는 않았지만 뭔가 사연이 있을 거라고 생각했던 것이지요.
5. 최림이 언젠가는 큰 인물이 될 거라고 믿었기 때문입니다.
6. 뒤러 친구는 뒤러와 마찬가지로 그림 공부를 계속해서 화가가 되고 싶지만 가

난해서 공부를 계속할 수 없는 상황이었습니다.
7. 서운하지만 동생이므로 형의 말을 따라야 한다고 생각했습니다.
8. 사자는 사냥꾼이 쳐 놓은 그물에 걸린 상태로 사냥꾼이 오기 전에 도망을 가야 하기 때문에 마음이 급합니다. 그래서 누군가의 도움을 절실히 기다리고 있는 중입니다. 이런 사자의 마음은 무척 안타깝고 답답했을 것입니다.
9. 방에 뱀이 있다는 친구의 말이 좀 이상했지만 술잔에 뱀이 비쳤다는 친구의 말을 믿었습니다.
10. 점잖고 멋진 녀석은 고양이입니다. 하늘이는 고양이가 쥐들의 원수이며, 쥐들을 잡아먹는다는 엄마의 이야기를 듣고 나서야 비로소 아는 척하지 않은 것이 다행이라고 생각했습니다. 까딱했으면 잡혀먹힐 뻔했으니까요.
11. 변장자는 호랑이를 조금도 겁내지 않고 빨리 호랑이를 잡고 싶어합니다.
12. 처음에는 겁을 먹었다가, 나중에는 우쭐해졌습니다. 겁을 먹은 것은 이리가 혹시 자기를 잡아먹을지 몰라서 그런 것이고, 나중에 우쭐해진 것은 이리가 자기를 대하는 태도를 보고 안심해도 좋겠다고 생각했기 때문입니다. 즉 공손하게 인사하는 것을 보고 잡아먹을 마음이 없다고 생각했던 것입니다.
13. 오나라 왕인 손권이 시간이 없어 책을 못 읽는다고 하는 여몽에게 아무리 바빠도 학문은 게을리하지 말아야 한다며 학문의 중요성에 대해 말하고 있습니다.
14. 협상은 이루어지지 않을 것입니다. 왜냐하면 소양왕은 처음부터 협상을 할 생각이 없었기 때문입니다. 말만 그럴 듯하게 해서 구슬만 빼앗고 성은 주지 않을 생각이었으니까요.
15. 비둘기가 먹을 것을 얻으러 온 주제에 너무 건방지고 예의가 없어서입니다.

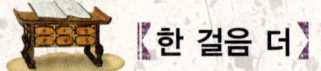 【 한 걸음 더 】

1. 예시 – '일이 뜻대로 되지 않는다고 하여 서둘러 포기하지 마라.'는 뜻으로 '물론 시간이 걸리긴 하겠지. 하지만 중간에 그만두지만 않는다면 언젠가는 도끼가 바늘이 될 날이 올 게야. 미련한 놈! 오래 걸린다고, 힘들다고 포기해 버리면 결국 아무것도 이루지 못한다.'고 한 할머니의 말씀과 같은 뜻입니다. 이런 할머니의 말씀처럼 끝까지 노력한다면 자신의 이루고자 하는 꿈이 이루어질 것입니다.

2. 예시 – 뒤러에게 닥친 '초난'은 가난해서 그림 공부를 계속할 수 없었던 것입니다. 그 초난을 뒤러는 친구의 도움으로 이겨냈습니다. 친구가 식당에서 일을 해 뒷바라지를 해 준 것이지요. 처음에는 교대로 서로의 뒷바라지를 할 생각이었지만 친구가 포기해서 뒤러 혼자 친구의 도움을 받게 되었습니다.

3. 예시 – 깡패 같은 자로를 제자로 받아들인 것, 자로가 대들었을 때 찬찬히 타이른 것, 자로가 화려한 옷차림을 하고 나타났을 때 자로를 쫓아보내지 않고 엄하게 타일러서 자로 스스로 깨닫게 한 것 등이 공자의 아량이라고 할 수 있습니다. 이러한 공자의 아량이 있었기에 자로가 변할 수 있었습니다.

4. 예시 – '달팽이 뿔 위에서 자웅을 겨루는 것'은 촉씨 나라와 만씨 나라가 싸우는 것을 일컫는 말인데, 위나라와 제나라가 서로 땅을 빼앗으려고 하는 것을 빗댄 것입니다. '그 세계가 얼마나 넓겠는가?'라는 말은 달팽이 뿔 위가 얼마나 넓겠느냐, 다시 말해 그 좁은 곳에서의 싸움에 어떠한 유익이 있겠느냐는 것입니다. 즉 싸움의 무의미에 대해 말하는 것이지요. 결국 위나라와 제나라가 서로 땅을 빼앗으려고 싸우는 것은 의미 없는 일이므로 전쟁을 벌이지 말라는 충고인 것입니다.

5. 예시 – '까닭 없이 생긴 이익'이란 당나귀 갈기에서 나온 다이아몬드를 가리킵니다. 값을 내지 않았는데도 공짜로 생긴 것이기 때문입니다. '조물주의 낚

싯밥'이란 조물주가 던진 미끼, 즉 꼬드김에 지나지 않는 것입니다. 까닭없는 이익과 마주쳤을 때 좋아라 생각하고 덜컥 물면 행복해질 듯싶지만 낚싯바늘에 걸려 목숨을 잃게 되는 물고기와 같은 신세가 되고 마는 것입니다.

6. 예시 – 큰형의 장점은 백과사전과 신문을 줄줄 외우는 것이고, 작은형의 장점은 계산을 잘하는 것입니다. 바보 한스의 단점은 똑똑하지도 않고, 재주도 없고, 행동도 느리다는 것이고요. 그래서 아버지나 형들은 한스를 바보라고 생각했습니다. 그러나 장점을 가진 형들은 오히려 공주 앞에서 이야기를 잘하지 못했으나, 바보라고 생각했던 한스는 자신만의 생각을 말할 수 있었습니다. 여기에 미루어 보면 똑똑하지 않고, 재주가 없고, 행동이 느리다고 해서 다 바보라고 할 수는 없습니다. 형들은 자신이 가진 재주만 최고라고 생각했기 때문에 한스를 바보 취급한 것이지요. 이는 잘못된 것입니다.

7. 예시 – 노숙은 글도 모르던 골목대장 여몽이 시, 병법은 물론 옛 성인들의 이야기까지 어느 것 하나 막히지 않고 줄줄 말하는 것을 보고는 무척 놀랐습니다. 여몽이 변했다는 것은 무식했던 여몽이 유식해졌다는 것입니다. 글도 읽지 못했던 무지렁이가 친구 노숙이 깜짝 놀랄 만큼 변모한 것을 보고 뭐든지 '노력'이 중요하다는 생각이 들었습니다. 늦게 시작하더라도 꾸준하게 열심히하면 성과가 있게 마련입니다. 성실하게 노력하는 자세를 길러야겠습니다.

8. 예시 – 「모든 것이 내 탓이다」에 등장하는 젊은이는 성격이 급합니다. 랍비가 가르침을 허락하지 않자 화를 냈습니다. 그것은 가르침을 청하는 자세가 아닙니다. 랍비가 물었을 때 쉽다고 생각해서 망설임 없이 대답하였고, 같은 내용을 다시 물었을 때도 답을 알고 있다고 생각해 곰곰이 생각해 보지도 않고 대답했습니다. 같은 문제의 대답이 바뀌자 참지 못하고 랍비에게 따지기도 했습니다. 공부할 자격을 가리기 위한 시험을 보겠다고 청한 것도 잘못이라고 여겨집니다. 화가 나서 그랬다고 하더라도 공부할 만한 자격을 가리는데 시험을 택하는 것은 옳지 않은 방법이기 때문입니다.

9. 예시 – 부자 영감의 욕심이 바로 도둑이라고 한 사또의 말은 틀린 것이 아닙니다. 하지만 부자 영감을 속인 도인도 문제입니다. 부자 영감을 야단친 것은 좋지만 도인도 잡아 혼을 냈어야 한다고 생각합니다. 도인 행세를 하면서 또 다른 사람에게 손해를 입힐 수 있기 때문입니다. 그래야 도인은 다시는 그런 못된 짓을 하지 않을 것이고 다른 사람들도 피해를 보지 않을 것이니까요.

10. 예시 – 나귀 주인은 나귀를 따라오면서 처음부터 나귀가 오해를 한다는 것을 알고 있었을 것입니다. 그런데도 나귀가 거들먹거리게 그냥 놔두었습니다. 그러다가 나중에는 멍청하다고 나귀를 나무랐습니다. 그러지 말고 애초부터 사람들이 자신에게 절을 한다고 좋아할 때 나귀 등에 실린 예수님의 기념품에게 절하는 것이라고 알려 주었으면 좋았을 것입니다. 그랬더라면 나귀도 그렇게 계속 거들먹거리지는 않았을 테니까요. 거들먹거린 나귀도 잘못이지만, 빨리 알려 주지 않은 나귀 주인도 잘못입니다.

11. 예시 – 하늘이는 고양이와 수탉을 겉모습만 보고 판단했습니다. 수탉은 무시무시한 괴물이라고 생각하고, 고양이는 친절하고 점잖다고 생각한 것입니다. 그래서 고양이와 인사를 하지 못한 것을 아쉬워하고, 고양이와 인사를 하지 못하게 한 수탉을 미워했습니다. 하지만 하늘이에게는 고양이가 자기를 잡아먹는 무서운 동물이고, 수탉은 하늘이를 괴롭히지 않는 동물이었습니다. 하늘이가 생각했던 것과는 정반대였던 셈입니다. 사람이든 동물이든 보이는 것이 전부가 아닙니다. 겉모습만 보고 섣불리 판단하지 말아야 합니다.

12. 예시 – 젊은이는 활을 잘 쏘는 자신의 재주가 뛰어나다고 생각했습니다. 하지만 노인은 동전 구멍에 기름을 묻히지 않고 조롱박에 잘 따르는 신통한 재주를 특별한 것이라고 생각하지 않았습니다. 노인은 재주는 특별한 것이 아니라 열심히 하면 그게 바로 재주가 된다고 생각한 것입니다. 「신통한 재주」는 어떤 사람의 재주가 더 뛰어나느냐 하는 문제가 아니라 재주에 대해 어떻게 생각하고 있느냐를 말해 주는 것입니다. 즉 지나치게 자신의 재주를 뽐내는 것을 경계하라는 교훈을 줍니다.